French
Vocabulary
Drills

French

Vocabulary

Drills

French Vocabulary Drills

David M. Stillman, PhD
and Ronni L. Gordon, PhD

New York Chicago San Francisco Athens London Madrid
Mexico City Milan New Delhi Singapore Sydney Toronto

5 6 7 8 9 10   QVS/QVS   22 21 20 19 18

ISBN   978-0-07-182642-6
MHID   0-07-182642-4

e-ISBN   978-0-07-182649-5
e-MHID   0-07-182649-1

Library of Congress Control Number 2014934943

McGraw-Hill Education products are available at special quantity discounts to use as premiums and sales promotions or for use in corporate training programs. To contact a representative, please visit the Contact Us pages at www.mhprofessional.com.

This book is printed on acid-free paper.

Companion Flashcard App
Flashcard sets for additional practice can be found in the McGraw-Hill Education Language Lab app. Go to mhlanguagelab.com for details on how to access this free app, which is available for Apple and Android tablet and mobile devices, as well as computer via web browser (best viewed with Chrome or Safari browser).

Contents

Preface   vii

Guide to gender notation in this book   ix

1 En ville *In the city*   1

2 Les vêtements *Clothing*   13

3 Les aliments *Food*   23

4 À la maison *House and home*   35

5 Le bureau, l'ordinateur, les affaires
et l'économie
The office, the computer, business, and the economy   47

6 Les voyages, les vacances et les loisirs
Travel, vacation, and leisure   59

7 La routine quotidienne; l'éducation
The daily routine; education   77

8 La santé et les accidents *Health and accidents*   89

9 La famille et les rapports humains;
pour décrire les gens
Family and relationships; describing people   101

10 Les divertissements: la musique, le théâtre,
le cinéma et les arts visuels

Entertainment: music, theater, film, and the visual arts 115

11 Les professions, les pays, les nationalités
et les langues

Professions, countries, nationalities, and languages 131

12 Les fêtes et les célébrations

Holidays and celebrations 149

13 Le gouvernement, la politique et la société

Government, politics, and society 163

14 La vie intellectuelle et la vie spirituelle

Intellectual life and spiritual life 175

15 Comment comprendre le monde:
la nature et les sciences

How to understand the world: nature and science 193

Appendix 215

Answer key 217

Preface

"When I use a word," Humpty Dumpty said in rather a scornful tone, "it means just what I choose it to mean—neither more nor less."

Through the Looking Glass, LEWIS CARROLL

French Vocabulary Drills is designed to provide beginning and intermediate learners of French with essential vocabulary that will enable them to carry on conversations in French, read a wide variety of materials, and write on a broad range of topics in the language. We have selected vocabulary used by the greatest number of speakers in the French-speaking world, and present commonly used alternative words from France and Canada.

French Vocabulary Drills goes beyond the basic vocabulary found in most first- and second-year textbooks. To this basic vocabulary, we have added high-frequency words and expressions that make it possible for learners of French to express themselves effectively and confidently on everyday topics such as food, clothing, the house, the daily routine, work, travel, entertainment, and leisure activities, as well as topics of a higher intellectual level—science, the computer, technology, the economy, and intellectual and spiritual life.

Structure and features

French Vocabulary Drills has 15 chapters, each built around a specific theme. Each chapter has titled sections that present groupings of similar words. Instead of presenting words in isolation, we introduce them in a meaningful context that makes learning and remembering new vocabulary easier and more productive.

Language boxes In each chapter, there are brief lexical, grammatical, and cultural explanations prompted by certain words or expressions presented. These explanations enhance the study of French vocabulary by deepening the learner's appreciation of the language and its culture.

Pour parler un français authentique and *Proverbes, expressions et citations* These unique sections of idiomatic usage are designed to reinforce and expand the vocabulary presented in the chapter by preparing the learner for interaction with native speakers of French. We include sayings, expressions, and quotations in French that enrich and broaden the learner's knowledge of the French language.

Exercises   The exercises at the end of each chapter help you master the vocabulary introduced. There is a great variety of exercise types from controlled to free expression: multiple choice, fill-in, matching, classification, word families, composition, oral presentation, and translation.

Answer key   An answer key for the exercises facilitates self-study.

App   *French Vocabulary Drills* offers an all-purpose vocabulary app that allows the learner to study 450 words and expressions using digital flashcards. The app is compatible with portable devices, so it can be used anytime, anywhere. Visualization of the words on flashcards increases the learner's ability to remember and internalize new vocabulary. This is a very effective and enjoyable way to learn and review vocabulary. See the copyright page for information on how to access the McGraw-Hill Education Language Lab app.

French Vocabulary Drills gives beginners the words and phrases they need to construct simple paragraphs and oral presentations and furnishes intermediate learners with the lexical tools they need to express themselves in more complex writing tasks and oral presentations on a wide variety of topics. Even the most advanced learners will find this book helpful. User-friendly, it is ideal for learners working on their own or as an ancillary for students using a textbook in a classroom setting. Chapters may be covered in any order, making the book compatible with all texts, types of curricula, and classroom approaches, and facilitating the individualization of vocabulary practice.

Our deepest gratitude to Christopher Brown, our editor and publisher par excellence, and dear friend, for his vision, wisdom, and guidance.

We dedicate this book to Alex and Mimi, whose brilliance and love illuminate and inspire every word we write.

David M. Stillman, PhD
Ronni L. Gordon, PhD

Guide to gender notation in this book

French nouns are divided into two broad categories called genders: masculine and feminine. In vocabulary lists, the gender of nouns is usually indicated by the definite article: **le** is used with masculine nouns, **la** with feminine nouns.

book	le livre
town	la ville

However, both **le** and **la** elide to **l'** before a vowel or a mute **h**, so we add "[masc.]" or "[fem.]" to those entries to indicate the gender.

the hospital	l'hôpital [masc.]
the embassy	l'ambassade [fem.]

If a noun is part of a phrase, the gender of the main noun is indicated with the notation "[INDEFINITE ARTICLE + SINGULAR NOUN]."

bus stop	l'arrêt d'autobus [un arrêt]
cold cuts, luncheon meats	l'assiette anglaise [une assiette]

The definite article for plural nouns in French is **les**, whether the noun is masculine or feminine. The gender of a plural noun is indicated with the notation "[INDEFINITE ARTICLE + SINGULAR NOUN]."

hotel	les hôtels [un hotel]
photo	les photos [une photo]

Some nouns are used only in the plural form. This usage, as well as the gender of the noun, is indicated by "[masc. pl.]" or "[fem. pl.]."

earmuffs	des cache-oreilles [masc. pl.]
sunglasses	des lunettes de soleil [fem. pl.]

Nouns referring to people

If a noun does not change in the feminine form but the article does, it is indicated as follows.

accountant	le/la comptable
chef	le/la chef

For nouns beginning with a vowel that do not change their form in the feminine, the notation "[masc./fem.]" is used.

performer	l'interprète [masc./fem.]
astronaut	l'astronaute [masc./fem.]

For nouns that are grammatically masculine even when they refer to a woman, the notation "[*also* fem.: MASCULINE NOUN]" is used.

doctor	le médecin [*also* fem.: le médecin]

If a noun of profession changes its form in the feminine, both forms of the noun are given.

electrician	l'électricien/l'électricienne
mechanic	le mécanicien / la mécanicienne
lawyer	l'avocat/l'avocate

Gender is distinguished when the indefinite article is used: **un interprète, une interprète.**

1

En ville
In the city

This chapter presents important vocabulary for traveling around the city and shopping. You will learn the French words for places, sights, and stores, and how to ask for and give directions.

French nouns are divided into two broad classes called masculine and feminine. The words that accompany a noun such as *a, the, this, that, good* change their form to show the gender of the noun and whether the noun is singular or plural.

The definite article *the* is **le** before a masculine singular noun but **la** before a feminine singular noun. Both **le** and **la** change to **l'** before a noun beginning with a vowel or a mute **h**. Before all plural nouns, **le, la,** and **l'** change to **les**.

Where is it?	**C'est où?**
Where is the bank?	Où est la banque?
the bus station	la gare routière
the bus stop	l'arrêt d'autobus [un arrêt]
the cathedral	la cathédrale
the church	l'église [fem.]
the city hall (*in a major city*)	l'hôtel de ville [un hôtel]
the city hall (*in a smaller city*)	la mairie
the concert hall	la salle de concert(s)
the consulate	le consulat
the embassy	l'ambassade [fem.]
the gym	la gym, le gymnase
the hospital	l'hôpital [masc.]
the library	la bibliothèque
the main square	la place centrale
the market	le marché
the mosque	la mosquée
the museum	le musée
the park	le parc
the pawnshop	le mont-de-piété

>>>

the performing arts center	le centre des arts de la scène
the police station	le commissariat
the post office	la poste
the public garden	le jardin public
the railway station	la gare
the main railway station	la gare centrale
the (elementary) school	l'école [fem.]
the middle school	le collège
the secondary school	le lycée
the stadium	le stade
the stock exchange	la bourse
the subway station	la station de métro
the synagogue	la synagogue
the tourist office	le bureau de tourisme
the university	l'université [fem.]
the zoo	le zoo

The indefinite article *a, an* is **un** before a masculine singular noun but **une** before a feminine singular noun.

Stores and shops
Des magasins et des boutiques

Is there a drugstore around here?	Est-ce qu'il y a une pharmacie près d'ici?
an appliance store	un magasin d'électroménager
an arts center	un centre culturel
a bakery	une boulangerie
a barber(shop)	un coiffeur (pour hommes)
a bicycle store	un magasin de cycle(s)/vélo
a bookstore	une librairie
a boutique (for trendy clothing)	une boutique (de vêtements)
a butcher shop	une boucherie
a candy store, a sweet shop	une confiserie
a chocolate shop	une chocolaterie
a clothing store	un magasin de confection
a computer store	un magasin d'informatique
a convenience store	une épicerie, une supérette, un dépanneur [QUEBEC]
a discount department store	un monoprix
a dry cleaner('s)	un pressing, une teinturerie
a florist, a flower shop	un fleuriste

›››

a food store	un magasin alimentaire
a fruit and vegetable store	un magasin de fruits et de légumes
a furniture store	un magasin de meubles
a gas station	une station-service
a gift shop	une boutique de cadeaux
a grocery store	une épicerie
a hair salon	un salon de coiffure, un coiffeur / une coiffeuse pour dames
a health food store	un magasin diététique
an ice cream shop	un glacier
a jewelry store	une bijouterie
a laundromat	une laverie (automatique)
a law firm	un cabinet d'avocats
a leather goods store	une maroquinerie
a mailbox	une boîte à lettres
a music store	un magasin de musique
a newsstand	un kiosque à journaux
a notions store	une mercerie
an office supplies store	un magasin de fournitures de bureau
an open-air market	un marché en plein air
an optician('s), an eyeglass store	un opticien
a parking lot, a parking garage	un parking
a pastry shop	une pâtisserie
a perfume store	une parfumerie
a pet store	une animalerie
a phone store	un magasin mobile
a real estate agency	une agence immobilière
a shoe repair shop	une cordonnerie
a shoe store	un magasin de chaussures
a shopping mall	un centre commercial, un centre d'achat [CANADA]
a sports store	un magasin de sport
a stationery store	une papeterie
a supermarket	un supermarché
a superstore, a supercenter	un hypermarché
a tobacco shop	un tabac
a toy store	un magasin de jouets
a wine store	un magasin de vin
a youth hostel	une auberge de jeunesse

The neighborhood

I know the neighborhood.
- the alley
- the apartment house
- the avenue
- the boulevards
- the building
- the construction site
- the dead end street
- the downtown area
- the green spaces
- the neighborhood closed to traffic
- the outdoor café seating
- the pedestrian bridge
- the pedestrian-only street
- the shopping area
- the skyscraper
- the street
  - the paved street
  - the side street
- the suburbs
- the subway entrance

Le quartier

Je connais le quartier.
- la ruelle
- l'immeuble [masc.]
- l'avenue [fem.]
- les boulevards [un boulevard]
- le bâtiment
- le chantier
- l'impasse [fem.]
- le centre
- les espaces verts [un espace]
- la zone piétonne, la zone piétonnière
- la terrasse du café
- le pont piéton
- la rue piétonne
- la zone commerciale
- le gratte-ciel
- la rue
  - la rue pavée
  - la rue transversale
- la banlieue
- la bouche du métro

To form the plural, French adds -s to nouns. Some nouns have irregular plural spellings. The plural ending is rarely pronounced in French.

Getting to know the city

Where are the museums?
- the art galleries
- the cafés
- the department stores
- the hotels
- the movie theaters
- the night clubs
- the restaurants
- the theaters

Pour connaître la ville

Où se trouvent les musées?
- les galeries de peinture [une galerie]
- les cafés [un café]
- les grands magasins [un magasin]
- les hôtels [un hôtel]
- les cinémas [un cinéma]
- les boîtes [une boîte]
- les restaurants [un restaurant]
- les théâtres [un théâtre]

French uses **des** as the plural of the indefinite article **un, une**. French also has a form of the indefinite article used before mass nouns—nouns that cannot be counted. In this partitive function, **du** is used before a masculine singular noun, **de la** before a feminine singular noun, and **de l'** before any singular noun beginning with a vowel or a mute **h**. When the gender of a noun is not clear in an example, the gender is indicated in square brackets.

Going shopping	On fait des achats
I want to buy a book.	Je veux acheter un livre.
aspirin	des aspirines [une aspirine]
bottled water	de l'eau minérale [une eau]
a camera	un appareil photo
a computer	un ordinateur
gas	de l'essence [fem.]
a guidebook	un guide
gum	du chewing-gum
an ink cartridge	une cartouche d'encre
a magazine	une revue
a map of the country	une carte du pays
medicine	des médicaments [un médicament]
a memory card	une carte mémoire
a newspaper	un journal
perfume	du parfum
postcards	des cartes postales [une carte]
a road map	une carte routière
souvenirs	des souvenirs [un souvenir]
stamps	des timbres [un timbre]
a street map of the city	un plan de la ville
sunglasses	des lunettes de soleil [fem. pl.]
suntan lotion	de la crème solaire
tissues	des mouchoirs en papier [un mouchoir], des kleenex [un kleenex]
wine	du vin

Inside

What's in <u>the backpack</u>?

the bag
  the duffle bag
  the handbag
  the saddlebag, the leather bag
  the shoulder bag
  the tote bag
the box
the briefcase
the computer case
the package
the suitcase
the (steamer) trunk
the wallet

In the briefcase

There's <u>a pen</u> in the briefcase.
  an address book
  an appointment book
  a business card
  a calculator
  a CD player
  a cell phone
  a checkbook
  a driver's license
  an envelope
  an external hard drive (removable)
  a glasses case
  an ID
  a laptop
  a marker
  a memo pad
  money
  a notebook
  a pad
  a passport
  a pencil

Dedans

Qu'est-ce qu'il y a dans <u>le sac</u> à dos?

le sac
  le sac marin
  le sac (à main)
  la sacoche
  le sac à bandoulière
  le fourre-tout
la boîte
la serviette
la sacoche pour ordinateur
le paquet, le colis
la valise
la malle
le portefeuille

Dans la serviette

Il y a <u>un stylo</u> dans la serviette.
  un carnet d'adresses
  un carnet de rendez-vous
  une carte de visite
  une calculatrice
  un lecteur cédé
  un téléphone portable, un cellulaire [CANADA]
  un carnet de chèques
  un permis de conduire
  une enveloppe
  un disque dur amovible
  un étui à lunettes
  une carte d'identité
  un portable
  un feutre
  un carnet
  de l'argent [masc.]
  un cahier
  un bloc de papier
  un passeport
  un crayon

There are _pens_ in the briefcase.	Il y a _des stylos_ dans la serviette.
CDs	des cédés [un cédé]
contact lenses	des lentilles de contact [une lentille]
credit cards	des cartes de crédit [une carte]
earphones, headphones	des écouteurs [un écouteur]
eyeglasses	des lunettes [fem. pl.]
files	des dossiers [un dossier]
hearing aids	des appareils auditifs [un appareil]
keys	des clés [une clé]
papers	des papiers [un papier]
photos	des photos [une photo]
receipts	des reçus [un reçu]
sunglasses	des lunettes de soleil

Pour parler un français authentique

at the corner	au coin de la rue
at the light	au feu rouge
at the next light	au prochain feu
awning	le store
a city planner	un/une urbaniste
cobblestone	le pavé
construction	des travaux [masc. pl.]
a crosswalk	un passage clouté
a lane (for traffic)	une voie
a neon sign	une enseigne à néon
a passerby	un passant
a pedestrian	un piéton
a pedestrian crossing	un passage clouté
a sewer	un égout
a street light, a lamp post	un réverbère
traffic	la circulation
a traffic circle	un rond-point
traffic lights	les feux (de signalisation) [un feu]
an underground passage (to cross street)	un passage souterrain
urban infrastructure	l'infrastructure urbaine [une infrastructure]
a walking tour	une excursion à pied
to ask directions	demander son chemin
to be out of work	être sur le pavé

to cross in the crosswalk	traverser entre les clous
to cross the street	traverser la rue
to get lost	se perdre
to go to all the stores	courir les magasins
to park the car	garer la voiture
to put someone out of a job	mettre quelqu'un sur le pavé
to regulate traffic into and out of the city	contrôler la circulation à l'entrée et à la sortie de la ville
to stroll around	flâner
The street is closed.	La rue est barrée.
There's a traffic jam in our neighborhood.	Il y a un bouchon dans notre quartier.
All the roads are jammed.	Toutes les routes sont bouchonnées.
They are going to renovate this industrial neighborhood and make it part of the city.	On va aménager ce quartier industriel et l'intégrer à la ville.
Montreal has an underground pedestrian network.	Montréal a un réseau piétonnier souterrain.
It's a beautiful city with areas closed to traffic and many green spaces.	C'est une belle ville avec des zones piétonnes et beaucoup d'espaces verts.

Proverbes, expressions et citations

When in Rome, do as the Romans do.	Lorsque vous entrez dans une ville, marchez dans ses voies.
Paris is always Paris.	Paris sera toujours Paris.

«Les villes portent les stigmates des passages du temps, et occasionnellement les promesses d'époques futures.»

MARGUERITE YOURCENAR

«Comme une mère, une ville natale ne se remplace pas.»

ALBERT MEMMI

«Paris est une solitude peuplée. Une ville de province est un désert sans solitude.»

FRANÇOIS MAURIAC

«En ville, un enterrement, c'est un embouteillage. À la campagne, c'est une distraction pour l'après-midi.»

GEORGES ADE

«Il n'y a pas de mode si elle ne descend pas dans la rue.»

COCO CHANEL

«Savoir s'étonner à propos est le premier pas fait sur la route de la découverte.»

LOUIS PASTEUR

«Une manière commode de faire la connaissance d'une ville est de chercher comment on y travaille, comment on y aime et comment on y meurt.»

ALBERT CAMUS

«Paris vaut bien une messe.»

HENRI IV, roi de France

«Gares de chemin de fer: S'extasier devant elles et les donner comme modèles d'architecture.»

GUSTAVE FLAUBERT

«La rue est le cordon ombilical qui relie l'individu à la société.»

VICTOR HUGO

Exercice 1

Name the type of specialty store where you can buy each item. There may be more than one possible answer.

1. une chemise _____

2. des enveloppes _____

3. un petit chat _____

4. des pommes _____

5. une serviette en cuir _____

6. des aspirines _____

7. du parfum _____

8. des lunettes _____

9. des cigarettes _____

10. de la viande _____

11. une glace _____

12. des roses _____

13. de l'essence _____

14. des livres _____

15. du pain _____

16. un gâteau _____

17. une bouteille de champagne _____

18. un ballon de football _____

Exercice 2

Match each item or action in the second column with the place where you can buy, get, see, hear, or do it in the first column.

1. _____ au magasin de fruits et de légumes	a. des statues et des tableaux
2. _____ au cinéma	b. prendre le train
3. _____ à la gare	c. des bottes
4. _____ au magasin d'informatique	d. se faire couper les cheveux
5. _____ au kiosque	e. des raquettes de tennis
6. _____ au magasin de chaussures	f. des carottes et des petits pois
7. _____ au magasin de sport	g. un ordinateur portable
8. _____ au musée d'art	h. écouter de la musique classique
9. _____ chez le coiffeur	i. voir un film
10. _____ à la salle de concert(s)	j. des revues et des journaux

Exercice 3

In French, list ten places in the city that you would like to visit.

1. _____   6. _____
2. _____   7. _____
3. _____   8. _____
4. _____   9. _____
5. _____   10. _____

Exercice 4

Make a list of five stores or places in the city that you like and five that you don't like.

J'aime les...   Je n'aime pas les...

1. _____   6. _____
2. _____   7. _____
3. _____   8. _____
4. _____   9. _____
5. _____   10. _____

Exercice 5

Choose the item you can buy in each of the following stores.

1. au kiosque

   a. des journaux   b. des aspirines   c. une flûte

2. au magasin d'informatique

   a. du pain   b. des chaussures   c. une carte mémoire

3. à la librairie

   a. un dictionnaire   b. une robe   c. des roses

4. à la pharmacie

   a. un poste de télé   b. des médicaments   c. une chaise

5. au magasin de fruits et de légumes

   a. des souvenirs   b. du parfum   c. des carottes

6. à la maroquinerie

   a. une serviette en cuir   b. des clous   c. de la crème solaire

7. à l'animalerie

   a. un vélo   b. un petit chien   c. une voiture

8. au magasin de fournitures de bureau

   a. des stylos   b. un pantalon   c. des casseroles

Exercice 6

Choose the word that does not belong in each group.

1. a. synagogue   b. église   c. cordonnerie   d. cathédrale

2. a. boucherie   b. poissonnerie   c. traiteur   d. bijouterie

3. a. stylos   b. chaussures   c. crayons   d. enveloppes

4. a. banque   b. librairie   c. kiosque   d. bibliothèque

5. a. épicerie   b. cinéma   c. théâtre   d. salle de concert(s)

6. a. hôpital   b. clinique   c. pharmacie   d. boulangerie

7. a. boîte   b. portable   c. valise   d. sac à dos

8. a. centre   b. quartier   c. stade   d. banlieue

Exercice 7

Translate the following sentences into French.

1. *Where is the computer store?*

   _____

2. *The computer store is near here.*

   _____

3. *Is there a sporting goods store around here?*

   _____

4. *I want to buy a backpack.*

   _____

5. *What's in the wallet?*

   _____

6. *There's money and a driver's license.*

   _____

7. *There are files in the briefcase.*

   _____

8. *There are museums in the neighborhood.*

   _____

2

Les vêtements
Clothing

In this chapter, you will learn the French words for clothing, and how to express your likes, dislikes, and preferences in matters of style, color, and fabric. You will be able to describe what you wear for special occasions.

Footwear	**Les chaussures**
I need shoes.	Il me faut des chaussures.
(men's) boots	des boots [fem. pl.]
dress shoes	des chaussures de ville [une chaussure], des chaussures habillées
loafers	des mocassins [un mocassin]
running shoes	des chaussures de course
sandals	des sandales [une sandale]
sneakers	des baskets [une basket], des tennis [un tennis]
tennis shoes	des tennis
She always wears high heels.	Elle porte toujours des chaussures à talon haut.
boots	des bottes [une botte]
clogs	des sabots [un sabot]
flip-flops	des tongs [une tong]
low boots	des bottines [une bottine]

Spoken French uses the same word for both *this* and *that*: **ce** before a masculine singular noun beginning with a consonant, **cet** before a masculine singular noun beginning with a vowel or a mute **h**, **cette** before a feminine singular noun, and **ces** before all plural nouns.

Buying clothing	**Pour acheter des vêtements**
I like that shirt.	J'aime cette chemise.
that blouse	ce chemisier
those khakis	ce pantalon kaki

>>>

that long-sleeved shirt	cette chemise à manches longues
that short-sleeved shirt	cette chemise à manches courtes
that pair of pants	ce pantalon
that pair of shorts	ce short
that shirt with French cuffs	cette chemise à poignets mousquetaires
those sweatpants	ce pantalon de survêtement, ce survêt, ces joggings
that sweatshirt	ce sweat-shirt
that T-shirt	ce tee-shirt, ce T-shirt

I have to buy a (man's) suit.	Je dois acheter un costume.
a bathrobe	une robe de chambre
a belt	une ceinture
boxer shorts	un caleçon
a cap	une casquette
a coat	un manteau
a dress	une robe
earmuffs	des cache-oreilles [masc. pl.]
gloves	des gants [un gant]
a handkerchief	un mouchoir
a hat	un chapeau
jeans	des jeans [masc. pl.]
pajamas	un pyjama
a pants suit	un tailleur pantalon
pantyhose	un collant
a parka	un parka
a scarf	une écharpe
a skirt	une jupe
socks	des chaussettes [une chaussette]
a sweater	un pull
an umbrella	un parapluie
undershorts	un slip
a winter hat, a cap	un bonnet
a woman's suit	un tailleur

She's looking for a bathing cap.	Elle cherche un bonnet de bain.
a bathing suit	un maillot de bain, un costume de bain
beachwear	de la tenue de plage
a bikini	un bikini
a bra	un soutien-gorge
a cocktail dress	une robe de cocktail

an evening dress	une robe de soirée
a headband	un bandeau
lace stockings	des bas en dentelle [un bas]
leggings	des leggings [masc. pl.]
a nightgown	une robe de nuit, une chemise de nuit
panties	un slip, une culotte
a strapless dress	une robe sans bretelles
a wrap, a cover-up	une sortie de plage

Jewelry — Les bijoux

I'd like to buy a piece of jewelry.	Je voudrais acheter un bijou.
a charm bracelet	un bracelet à breloques
a ruby bracelet	un bracelet en rubis
costume jewelry	des bijoux de fantaisie [un bijou]
a diamond ring	une bague en/de diamants
earrings	des boucles d'oreille [une boucle]
a gold watch	une montre en or
an emerald necklace	un collier en émeraude, un collier d'émeraude
a pearl necklace	un collier de perles
a silver watch	une montre en argent
a wedding ring	une alliance

What are you going to wear? — Qu'est-ce que tu vas te mettre?

He's wearing tails.	Il porte une queue de pie.
a black leather jacket	un blouson en cuir noir
a bomber jacket	un bomber, un blouson bombardier
a bow tie	un papillon
a double-breasted suit	un costume croisé
an overcoat	un pardessus
a raincoat	un imperméable, un imper
a tie	une cravate
a trench coat	un trench-coat, un trench
a tuxedo	un smoking

I prefer sport clothes.	Je préfère les vêtements de sport.
custom-made	faits sur mesure
designer, haute couture	griffés, haute couture, de marque
formal, dress	habillés

>>>

permanent press	de repassage permanent
trendy	branchés
washable	lavables

The prepositions **à**, **de**, and **en** have several special uses.

The preposition **à** may indicate a characteristic feature or ingredient:

a charm bracelet	un bracelet à breloques [une breloque *charm*]
a long-sleeved shirt	une chemise à manches longues
high-heeled shoes	des chaussures à talon haut

The preposition **en** may indicate the material out of which something is made:

a gold bracelet	un bracelet en or
a cotton shirt	une chemise en coton
leather shoes	des chaussures en cuir

The preposition **de** may also indicate the material out of which something is made:

a cotton shirt	une chemise de coton

What's it made of?　　　　　C'est fait de quoi?

I'm looking for *a cotton shirt*.	Je cherche une chemise en coton.
corduroy pants	un pantalon en velours côtelé
a denim skirt	une jupe en serge de coton
a dress made of natural fibers	une robe en fibres naturels
a felt hat	un chapeau de feutre
leather gloves	des gants en cuir [un gant]
a linen jacket	une veste en lin
a silk tie	une cravate en soie
a velvet vest	un gilet en velours
woolen socks	des chaussettes en laine [une chaussette]
a worsted overcoat	un pardessus en laine peignée

Design features　　　　　Les caractéristiques de design

I need *a dress with buttons*.	Il me faut une robe à boutons.
a dress with a belt	une robe à ceinture
a dress with pockets	une robe à poches
a dress with a zipper	une robe zippée

a pleated dress	une robe à plis, une robe plissée
a polka-dot dress	une robe à pois
a strapless dress	une robe sans bretelles

Do you have any <u>long-sleeved</u> sweaters?	Avez-vous des pulls <u>à manches longues</u>?
argyle	à losanges
cashmere	en cachemire
checked	à carreaux
short-sleeved	à manches courtes [une manche]
turtleneck	à col roulé

Colors

Les couleurs

I like this <u>white</u> suit.	J'aime ce tailleur <u>blanc</u>.
beige	beige
black	noir
blue	bleu
navy blue	bleu marine
sky blue	de couleur bleu ciel
brown	marron
light tan	crème
eggshell, off-white	blanc cassé
gray	gris
green	vert
olive green	vert olive
orange	orange
pink	rose
red	rouge

Pour parler un français authentique

an article of clothing	un vêtement
black-tie (formal dress)	la tenue de soirée
brand	la marque
children's clothing	les vêtements pour enfants
dress pants	un pantalon habillés
dressing room	la cabine d'essayage
eyeglass frame	la monture
fitting room	la cabine d'essayage
lining	la doublure
on sale	en solde

to be badly dressed	être mal habillé
to be dressed up, to be dressed to kill	être tiré à quatre épingles, se mettre sur son trente-et-un
to be in fashion	être à la mode
to be out of fashion	être démodé
to be well dressed	être bien habillé
to get dressed	s'habiller
to get undressed	se déshabiller
to go shopping	faire des achats
to go window shopping	faire les vitrines, lécher les vitrines
to iron	repasser
to sell retail	vendre au détail
to sell wholesale	vendre en gros
to try on	essayer
He prefers to dress casually.	Il préfère être habillé décontracté.
He prefers casual clothing.	Il préfère les vêtements de tous les jours.
These shoes are tight.	Ces chaussures sont trop serrées.
This blouse matches the skirt.	Ce chemisier va avec la jupe.
What size do you wear? (*clothing*)	Quelle taille faites-vous?
What size do you wear? (*shoes*)	Quelle pointure faites-vous?
I wear a 15½ shirt.	Je fais du trente-neuf.
She wears a size 5 shoe.	Elle fait du trente-huit.

French sizes for clothing and shoes are different from those used in the U.S.

Proverbes, expressions et citations

Clothes don't make the man.	L'habit ne fait pas le moine.

«La mode se démode, le style jamais.»
  COCO CHANEL

«Je ne crée pas des vêtements, je crée des rêves.»
  RALPH LAUREN

«La mode est une forme de laideur si intolérable qu'il faut en changer tous les six mois.»
  OSCAR WILDE

«Le plus beau vêtement qui puisse habiller une femme, ce sont les bras de l'homme qu'elle aime.»
  YVES SAINT-LAURENT

Exercice 8

Select the word or phrase from the following list that correctly completes each noun phrase.

de course   faits sur mesure   pantalon   de bain

en soie   zippée   en diamants   naturels

1. un maillot _____

2. une bague _____

3. les chaussures _____

4. les fibres _____

5. un tailleur _____

6. une cravate _____

7. les vêtements _____

8. la robe _____

Exercice 9

Choose the word that does not belong in each group.

1. a. baskets	b. mocassins	c. bottes	d. cache-oreilles
2. a. montre	b. jupe	c. collier	d. bracelet
3. a. rubis	b. émeraude	c. cuir	d. diamant
4. a. velours	b. marron	c. gris	d. vert
5. a. caleçon	b. soutien-gorge	c. écharpe	d. culotte
6. a. chapeau	b. casquette	c. bandeau	d. papillon
7. a. cape	b. débardeur	c. pardessus	d. manteau
8. a. ceinture	b. collants	c. chaussettes	d. leggings
9. a. veste	b. bonnet	c. blouson	d. bomber
10. a. dentelle	b. laine	c. poche	d. coton

Exercice 10

Unscramble the letters in each item to create a word related to clothing or jewelry.

1. somtecu _____

2. ujboi _____

3. phuacea _____

4. nahemc _____

5. guero _____

6. iorcmuho _____

7. asngt _____

8. auhpcec _____

9. rakpa _____

10. imerhicse _____

Exercice 11

Give the French words for the articles of clothing, shoes, and accessories you might use in each situation.

1. Il fait froid.

_____

_____

_____

_____

2. Il fait chaud.

_____

_____

_____

_____

3. Au bureau

_____

_____

_____

_____

4. On fait de l'exercice.

_____

_____

_____

_____

5. À la soirée de gala

_____

_____

_____

_____

6. À la plage

_____

_____

_____

_____

7. Pour dormir

_____

_____

_____

_____

Exercice 12

Indicate whether each pair of clothing or jewelry items is worn on the same part of the body or not. Are the items similar (**semblable**) or different (**différent**)?

	Semblable	Différent
1. pardessus ~ imperméable	☐	☐
2. tongs ~ gants	☐	☐
3. chaussettes ~ bottines	☐	☐
4. chemise ~ débardeur	☐	☐
5. casquette ~ écharpe	☐	☐
6. pull ~ gilet	☐	☐
7. papillon ~ cravate	☐	☐
8. bague ~ alliance	☐	☐
9. un collant ~ un collier	☐	☐
10. une jupe ~ des sabots	☐	☐

Exercice 13

Translate the following sentences into French.

1. *I have to buy an overcoat.*

   _____

2. *She's wearing a black dress.*

   _____

3. *I need wool gloves.*

   _____

4. *He always wears a double-breasted suit.*

   _____

5. *Do you have any gold earrings?*

   _____

6. *They [fem.] are looking for dress shoes.*

   _____

7. *I'd like to buy a pearl necklace.*

   _____

8. *I like this white tie.*

   _____

9. *They [masc.] are well dressed.*

   _____

10. *I'm going to try on that pair of brown pants.*

    _____

11. *This blue shirt matches the jacket.*

    _____

12. *We prefer designer clothing.*

    _____

3

Les aliments
Food

In this chapter, you will learn the French words for foods and beverages, and you will be able to talk about your food preferences, whether you're dining in or out. You will learn vocabulary to describe the ingredients in a dish, and how food looks, smells, and tastes.

When referring to food after forms of the verb **aimer** *to like, to love,* the definite article must be used in French.

Fish	**Les poissons**
I like fish.	J'aime le poisson.
cod	la morue
halibut	le flétan
lobster	le homard
mackerel	le maquereau
octopus	le poulpe
salmon	le saumon
sea bass	le bar
seafood	les fruits de mer [masc. pl.]
shellfish	les crustacés [un crustacé], les coquillages [un coquillage]
sole	la sole
squid	le calamar
swordfish	l'espadon [masc.]
trout	la truite
tuna	le thon
turbot	le turbot

Meat	**La viande**
I like bacon.	J'aime le bacon.
beef	le bœuf
foie gras	le foie gras

>>>

ham	le jambon
lamb	l'agneau [masc.]
leg of lamb	le gigot
pork	le porc
red meat	la viande rouge
roast beef	le rosbif
salami	le saucisson
sausage	la saucisse
steak	le steak
veal	le veau

Fowl

La volaille

I prefer chicken.

Je préfère le poulet.

duck	le canard
turkey	la dinde

Good to eat

Bon à manger

I like crab.

J'aime le crabe.

clams	les palourdes [une palourde]
cold cuts, luncheon meats	la charcuterie, l'assiette anglaise [une assiette]
eggs	les œufs [un œuf]
hamburgers	les hamburgers [un hamburger]
hot dogs	les hot dogs [un hot dog]
meatballs	les boulettes de viande [une boulette]
mussels	les moules [une moule]
olives	les olives [une olive]
oysters	les huîtres [une huître]
sandwiches	les sandwichs [un sandwich]
sardines	les sardines [une sardine]
shrimp	les crevettes [une crevette]
snails	les escargots [un escargot]
vegetables	les légumes [un légume]

Fruit

Les fruits

Do you like grapes?

Tu aimes le raisin?

apples	les pommes [une pomme]
apricots	les abricots [un abricot]
bananas	les bananes [une banane]

>>>

blackberries	les mûres [une mûre]
cherries	les cerises [une cerise]
dates	les dattes [une datte]
figs	les figues [une figue]
fruit	les fruits [un fruit]
grapefruit	le pamplemousse
lemon	le citron
melon	le melon
oranges	les oranges [une orange]
peaches	les pêches [une pêche]
pears	les poires [une poire]
pineapple	l'ananas [masc.]
plums	les prunes [une prune]
prunes	les pruneaux [un pruneau]
raisins	les raisins [un raisin]
strawberries	les fraises [une fraise]
watermelon	la pastèque

French adjectives change their form to agree with the gender and number of the noun they refer to. The adjective **bon** *good* is **bon** when it refers to a masculine noun, but **bonne** when it refers to a feminine noun. If the noun is plural, an **s** is added to the adjective: **bons, bonnes.**

Vegetables and grains

Les légumes et les céréales

The rice is very good.	Le riz est très bon.
The broccoli	Le brocoli
The cauliflower	Le chou-fleur
The corn	Le maïs
The squash is very good.	La courge est très bonne.
The eggplant	L'aubergine [fem.]
The zucchini	La courgette
The turnips are very good.	Les navets sont très bons.
The vegetables	Les légumes [un légume]
The green beans	Les haricots verts [un haricot]
The watercress	Les cressons [un cresson]
The artichokes	Les artichauts [un artichaut]
The peas	Les petits pois [un pois]

The potatoes are very good.	Les pommes de terre sont très bonnes.
The asparagus	Les asperges [une asperge]
The carrots	Les carottes [une carotte]
The French fries	Les frites [une frite]

The adjective **délicieux** is both masculine singular and masculine plural. With a feminine singular noun, the form is **délicieuse**, and with a feminine plural noun, **délicieuses**. All adjectives ending in **-eux** follow this pattern.

The artichokes are delicious.	Les artichauts sont délicieux.
The leeks	Les poireaux [un poireau]
The spinach	Les épinards [masc. pl.]

Nouns that cannot be counted are preceded by the partitive article. Here are its forms:

du before a masculine singular noun
de la before a feminine singular noun
de l' before any singular noun beginning with a vowel or a mute **h**
des before all plural nouns

Salad

La salade

I'm going to put some lettuce in the salad.	Je vais mettre de la laitue dans la salade.
some cucumbers	des concombres [un concombre]
some mushrooms	des champignons [un champignon]
some onion	de l'oignon [masc.]
some peppers	des poivrons [un poivron]
some tomatoes	des tomates [une tomate]

Spices

Les épices

Salt gives the food flavor.	Le sel donne du goût aux aliments.
Basil	Le basilic
Chili	Le piment rouge
Chives	La ciboulette
Cinnamon	La cannelle
Garlic	L'ail [masc.]
Ginger	Le gingembre
Mint	La menthe

>>>

Mustard	La moutarde
Nutmeg	La (noix) muscade
Oregano	L'origan [masc.]
Pepper	Le poivre
Thyme	Le thym
Vanilla	La vanille

Note the forms of the adjective **important**:

Masculine singular	**important**
Feminine singular	**importante**
Masculine plural	**importants**
Feminine plural	**importantes**

Cooking

La cuisine

Herbs are important in cooking.
Les herbes sont importantes dans la cuisine.

Chopped mixed herbs	Les fines herbes [une herbe]
Gravies	Les sauces [une sauce]
Sauces	Les sauces
Spices	Les épices [une épice]

Condiments are important in cooking.
Les condiments sont importants dans la cuisine.

Fresh ingredients	Les ingrédients frais [un ingrédient]
Stocks/Broths	Les bouillons [un bouillon]

Recipes

Les recettes

You have to add the sugar.
Il faut ajouter le sucre.

the bread crumbs	la chapelure, la panure
the butter	le beurre
the cooking oil	l'huile alimentaire [une huile]
the egg white	le blanc d'œuf
the egg yolk	le jaune d'œuf
the flour	la farine
the honey	le miel
the maple syrup	le sirop d'érable
the mayonnaise	la mayonnaise
the olive oil	l'huile d'olive
the vinegar	le vinaigre

Allergies

He's allergic *to milk*.
  to nuts
  to peanut butter
  to seafood
  to wheat

Come taste

Do you want to taste *the soup*?
  the mashed potatoes
  the meatballs
  the pizza
  the spaghetti

Taste

This dish is *too salty*.
  too bitter
  too spicy, too hot
  too sweet

How is the bread?

This bread is *good*.
  crisp, crunchy
  fresh
  stale
  tasty

Dessert

I'm ordering *the custard* for dessert.
  the apple/pear tart
  the cake
  the cheese
  the chocolate cake
  the chocolate/vanilla ice cream
  the lemon tart
  the sherbet, the sorbet
  the yogurt

Les allergies

Il a une allergie au lait.
  aux noix [une noix]
  au beurre de cacahuète
  aux fruits de mer [masc. pl.]
  au blé

Viens goûter

Tu veux goûter la soupe?
  la purée (de pommes de terre)
  les boulettes de viande [une boulette]
  la pizza
  les spaghettis [masc. pl.]

Le goût

Ce plat est trop salé.
  trop amer
  trop épicé, trop relevé
  trop doux

Comment est le pain?

Ce pain est bon.
  croustillant
  frais
  rassis
  savoureux

Le dessert

Je vais commander le flan comme dessert.
  la tarte aux pommes/poires
  le gâteau
  le fromage
  le gâteau au chocolat
  la glace au chocolat / à la vanille
  la tarte au citron
  le sorbet
  le yaourt

Drinks

Do you like wine?
   an after-dinner drink
   alcoholic beverages
   an aperitif
   beer
   black coffee
   brandy
   carbonated/sparkling/seltzer water
   champagne
   cider
   coffee
   espresso
   hot chocolate
   juice
   lemonade
   milk
   orange juice
   red wine
   tea
   water

To munch on

There is a piece of bread in the basket.
   a baguette
   a brioche
   a roll
   a slice of whole grain bread

There are pieces of bread in the basket.
   crackers

   potato chips

Meals

We're going to have breakfast at home.
   to have lunch
   to have dinner

Les boissons

Vous aimez le vin?
   un digestif
   les boissons alcoolisées [une boisson]
   un apéritif
   la bière
   le café noir
   le cognac
   l'eau gazeuse [une eau]
   le champagne
   le cidre
   le café
   l'espresso [masc.]
   le chocolat chaud
   le jus
   le citron pressé
   le lait
   le jus d'orange
   le vin rouge
   le thé
   l'eau

À grignoter

Il y a un morceau de pain dans le panier.
   une baguette
   une brioche
   un petit pain
   un morceau de pain complet

Il y a des morceaux de pain dans le panier.
   des biscuits salés [un biscuit], des crackers
      [un cracker]
   des pommes chips [fem. pl.], des croustilles
      [une croustille]

Les repas

On va prendre le petit déjeuner à la maison.
   déjeuner
   dîner

>>>

to have an afternoon snack	prendre le goûter
to have a quick snack/sandwich	prendre le casse-croûte
to have hors-d'oeuvres	prendre des hors-d'œuvres
to have a drink	prendre un verre

Pour parler un français authentique

good as gold	bon comme le pain
the main course	le plat principal
the side dish	l'accompagnement [masc.]
take-out food	des plats à emporter [un plat]
to buy lollipops	acheter des sucettes [une sucette]
to clear the table	débarrasser la table
to cook	faire la cuisine
to eat like a bird	manger comme un oiseau
to eat like a horse	manger comme quatre
to go food shopping	faire les courses, faire le marché
to go to the table	se mettre à table
to have food allergies	avoir des allergies alimentaires [une allergie]
to look at the cookbook	regarder le livre de cuisine
to set the table	mettre la table
to wash the dishes	laver la vaisselle
Enjoy your meal!	Bon appétit!
It's finger licking good.	C'est à s'en lécher les doigts.
It makes my mouth water.	J'en ai l'eau à la bouche. / Ça me met l'eau à la bouche.

Proverbes, expressions et citations

La faim est la meilleure des sauces.
PROVERBE FRANÇAIS

Abréger le souper, allonge la vie.
PROVERBE ALLEMAND

Une journée sans vin est une journée sans soleil.
PROVERBE PROVENÇAL

«Au moment de manger, nul ne doit avoir vergogne.»
PLAUTE, dramaturge romain

«On ne met pas du vin nouveau dans de vieilles outres.»
  SAINT LUC

«Il n'a pas de joie sans vin.»
  TALMUD

«Nul n'est heureux que le gourmand.»
  JEAN-JACQUES ROUSSEAU

«La bière est la preuve indéniable que Dieu nous aime et veut nous voir heureux.»
  BENJAMIN FRANKLIN

«La découverte d'un mets nouveau fait plus pour le genre humain que la découverte d'une étoile.»
  BRILLAT-SAVARIN

«Dis-moi ce que tu manges, je te dirai ce que tu es.»
  BRILLAT-SAVARIN

«Qu'est-ce que la santé? C'est du chocolat!»
  BRILLAT-SAVARIN

Exercice 14

Group the following words into the five categories given.

agneau	ail	asperges	bar	bœuf
cannelle	cerise	chou-fleur	citron	courge
datte	espadon	flétan	gigot	gingembre
jambon	mûre	navet	poivre	poivron
pomme	saucisse	thon	thym	truite

	Fruits	Légumes	Viandes	Poissons	Épices
1.	_____	_____	_____	_____	_____
2.	_____	_____	_____	_____	_____
3.	_____	_____	_____	_____	_____
4.	_____	_____	_____	_____	_____
5.	_____	_____	_____	_____	_____

Exercice 15

Choose the word that does not belong in each group.

1. a. bœuf   b. bar   c. saumon   d. turbot

2. a. rosbif   b. saucisson   c. canard   d. veau

3. a. citron pressé   b. bière   c. apéritif   d. blé

4. a. baguette   b. abricot   c. petit pain   d. brioche

5. a. croustillant   b. savoureux   c. frais   d. rassis

6. a. cognac   b. champagne   c. jus d'orange   d. apéritif

7. a. épices   b. huîtres   c. sardines   d. crevettes

8. a. pêches   b. poires   c. cerises   d. bouillons

Exercice 16

Complete each phrase so that it expresses the meaning of the English phrase.

1. *chocolate ice cream*   une glace _____

2. *to have a drink*   _____ un verre

3. *meatballs*   des _____ de viande

4. *olive oil*   l'_____ d'olive

5. *whole grain bread*   le pain _____

6. *to clear the table*   _____ la table

7. *an alcoholic beverage*   _____ alcoolisée

8. *peanut butter*   le beurre de _____

9. *apple tart*   la tarte _____

10. *egg yolk*   le _____ d'œuf

Exercice 17

Unscramble the letters in each item to create a word for a food.

1. eaphulrec   _____

2. isprédan   _____

3. nghmiocnap   _____

4. mrneggeib   _____

5. ereuibgan   _____

6. sameomlepusp   _____

7. èuaqetps   _____

8. aogirn   _____

9. éindnrtieg   _____

10. eaeurmuqa   _____

Exercice 18

In French, list your favorite foods and beverages to create the perfect meal. Include three items for each course.

1. hors-d'œuvres

   _____

   _____

   _____

2. plat principal

   _____

   _____

   _____

3. accompagnement

   _____

   _____

   _____

4. dessert

   _____

   _____

   _____

5. boisson

   _____

   _____

   _____

Exercice 19

Translate the following sentences into French.

1. *Chopped mixed herbs are important in cooking.*

   _____

2. *I'm allergic to peanut butter.*

   _____

3. *The children are going to have afternoon snack at home.*

   _____

   _____

4. *I'm going to clear the table and wash the dishes.*

   _____

5. *She's as good as gold.*

   _____

6. *She eats like a bird.*

   _____

7. *I like fish, but I don't like shellfish.*

_____

8. *Do you want to taste the soup? It's very hot.*

_____

9. *This dish is not tasty. It is too spicy.*

_____

10. *The lemon tart is delicious.*

_____

4

À la maison
House and home

This chapter presents essential vocabulary to describe your house—the rooms, furniture, and appliances. You'll learn the vocabulary needed to talk about repairs and home improvements. You will also learn the terms for household chores and will be able to tell someone to do them.

The rooms

Les chambres

The living room is on the right.
   The kitchen
   The dining room
   The den / The study / The office

Le salon est à droite.
   La cuisine
   La salle à manger
   Le bureau

The guest room is on the left.
   The family room
   The master bedroom
   The TV room
   The hall / The corridor

La chambre d'amis est à gauche.
   La salle de séjour
   La chambre principale
   La salle télé
   Le couloir

Following are some common expressions of place and location:

on the left	à gauche	*in back*	au fond
on the right	à droite	*behind*	derrière
up, upstairs	en haut	*close, nearby*	tout près
down, downstairs	en bas	*next door, next to*	à côté
inside	dedans, à l'intérieur	*far*	loin
outside	dehors, à l'extérieur	*opposite, facing,*	en face
in front, out front	devant	*across the way*	

The house has twelve rooms.
   an attic
   a basement
   five bathrooms
   six bedrooms

La maison a douze chambres.
   un grenier
   un sous-sol
   cinq salles de bain
   six chambres à coucher

>>>

a garden	un jardin
a greenhouse	une serre
a lawn	une pelouse, un gazon
a pool	une piscine
a staircase	un escalier
two toilets	deux WC (*water closet*)
a two-car garage	un garage pour deux voitures

Most adjectives in French follow the noun they modify, but certain adjectives such as **grand, vieux,** and **petit** usually precede it.

To describe the house   Pour décrire la maison

We're looking for a big house.	Nous cherchons une grande maison.
an old house	une vieille maison
a small house	une petite maison
We're looking for a modern house.	Nous cherchons une maison moderne.
an environmentally friendly house	une maison écologique
a light house	une maison claire
a new house	une maison neuve [neuf]
an open, airy house	une maison spacieuse [spacieux]

C'est means *he is, she is, it is.* The noun following **c'est** must be accompanied at least by an article. It may also have other modifiers.

It's a comfortable house.	C'est une maison confortable.
calm, peaceful	tranquille
pleasant, delightful	agréable
warm, welcoming, cozy	accueillante

The preposition **en** is commonly used in French with the meaning *made of.*

That house is made of brick.	Cette maison est en briques.
concrete, cement	béton
stone	pierre
wood	bois

French forms compound nouns with the preposition **de**. The nouns are in the reverse order of the nouns in English compounds: **les appareils de cuisine** *kitchen appliances*.

In the kitchen

Look at the kitchen appliances.	Regardez les appareils de cuisine.
the blender/mixer	le mixer
the bottle opener	l'ouvre-bouteille [masc.]
the butter dish	le beurrier
the cabinet	le placard
the cans	les boîtes [une boîte], les conserves [une conserve]
the cocktail shaker	le shaker
the coffee grinder	le moulin à café
the coffee pot	la cafetière
the corkscrew	le tire-bouchon
the dishwasher	le lave-vaisselle
the food processor	le robot de cuisine
the freezer	le congélateur
the frying pan	la poêle
the jars	les bocaux [un bocal]
the kitchen towel	le torchon
the kitchen utensils	les ustensiles de cuisine [un ustensile]
the microwave oven	le four à micro-ondes
the pantry	le garde-manger
the peeler	l'éplucheur [masc.]
the pepper shaker	la poivrière, le poivrier
the pot, the saucepan	la casserole
the refrigerator	le réfrigérateur, le frigo
the saltshaker	la salière
the sink	l'évier [masc.]
the stove, the range	la cuisinière
the electric/gas range	la cuisinière électrique / à gaz
the teapot	la théière

Other appliances

D'autres appareils

The refrigerator isn't working.	Le réfrigérateur ne marche pas.
The air conditioning	La climatisation
The central heating	Le chauffage central

⟫⟫⟫

The dryer	Le sèche-linge
The humidifier	L'humidificateur [masc.]
The radio	Le poste (de radio)
The vacuum cleaner	L'aspirateur [masc.]
The washing machine	La machine à laver

In the living room / Dans le salon

I like this set of furniture a lot.	J'aime beaucoup cet ensemble de meubles.
this armchair, this easy chair	ce fauteuil
this bookcase	cette bibliothèque
this (large) carpet, this wall-to-wall carpeting	cette moquette
this coffee table	cette table basse
this couch, this sofa	ce sofa, ce canapé
these curtains, these drapes	ces rideaux [un rideau]
this lamp	cette lampe
this painting	ce tableau
this rug, this (small) carpet	ce tapis
this stereo	ce stéréo
this television	ce poste de télé

The dining room / La salle à manger

We still have to buy a table.	Il nous reste à acheter une table.
a buffet, a sideboard	un buffet
some chairs	des chaises [une chaise]
a chandelier	un lustre
a china cabinet, a display cabinet	une vitrine
a wine rack	un casier à bouteilles

To set the table / Pour mettre la table

Put the serving dish on the table.	Mettez le plat de service sur la table.
the cups	les tasses [une tasse]
the forks	les fourchettes [une fourchette]
the glasses	les verres [un verre]
the knives	les couteaux [un couteau]
the napkins	les serviettes [une serviette]
the placemats	les sets de table [un set]
the plates	les assiettes [une assiette]

the saucers	les soucoupes [une soucoupe]
the soup bowls	les assiettes creuses, les assiettes à soupe
the tablecloth	la nappe
the tablespoons	les cuillères à soupe [une cuillère]
the teaspoons	les petites cuillères, les cuillères à café
the wine glasses, the goblets	les verres à vin

Bedrooms   Les chambres à coucher

There's a bed.	Il y a un lit.
bed linen	le linge (de lit)
a bedside rug	une descente de lit
a bedspread	un dessus de lit
a blanket	une couverture
a box spring, a bed base	un sommier
a chest of drawers	une commode
a closet	une armoire, un placard
a double bed	un grand lit, un lit deux places
a hanger	un cintre
a mattress	un matelas
a night table	une table de nuit
a pillow	un oreiller
a pillowcase	une taie d'oreiller
a sheet	un drap

Bathroom   La salle de bains et le WC

There's a bathtub.	Il y a une baignoire.
a bar of soap	une savonnette
a bath mat	un tapis de bain
a bath towel	un drap de bain
a bidet	un bidet
a hand towel	un essuie-mains
a medicine chest	une armoire à pharmacie
a mirror	un miroir, une glace
a plunger	une ventouse
a scale	un pèse-personne
shaving cream	de la crème à raser
a shower	une douche
a sink	un lavabo

soap	du savon
a sponge	une éponge
a toilet	une cuvette, un WC
toilet paper	du papier hygiénique, du papier toilette
a toothbrush	une brosse à dents
toothpaste	du dentifrice
a towel	une serviette
a washcloth	un gant de toilette
a wastepaper basket	une corbeille à papier

Do-it-yourself projects   Le bricolage

battery (large)	la batterie
battery (small)	la pile
broom	le balai
brush	la brosse
bulb	l'ampoule [fem.]
ceiling	le plafond
door	la porte
drain	le trou de vidange
faucet	le robinet
flashlight	la lampe de poche
to flush the toilet	tirer la chasse (d'eau)
fuse	le fusible
hammer	le marteau
light	la lumière
light switch	l'interrupteur [masc.], le bouton
lightbulb	l'ampoule
to paint	peindre
paint roller	le rouleau
paintbrush	le pinceau
pipes	les tuyaux [un tuyau], la tuyauterie
pliers	la pince
saw	la scie
screwdriver	le tournevis
screws	les vis [une vis]
smoke detector	le détecteur de fumée
socket, plug	la prise
tools	les outils [un outil]
wall	le mur

window	la fenêtre
(adjustable) wrench	la clé à molette

Problems — Des problèmes

Oh, my goodness! There's smoke.	Mon Dieu, il y a de la fumée.
a fire	du feu
a hole	un trou
a (water) leak	une fuite d'eau

Where do they live? — Où est-ce qu'ils habitent?

They live in a house.	Ils habitent dans une maison.
an apartment	un appartement
an apartment building	un immeuble
a retirement community	une maison de retraite

Many household chores are expressed with the verb **faire** *to do, to make*, an irregular verb whose present tense forms are: **je fais, tu fais, il/elle fait, nous faisons, vous faites, ils font.**

Household chores — Les tâches ménagères

It's my turn to cook.	C'est à moi de faire la cuisine.
to do the (household) chores	de faire les travaux (du ménage)
to do the gardening	de faire le jardinage
to do the housework	de faire le ménage
to iron, to do the ironing	de faire le repassage
to do laundry	de faire la lessive
to make the bed	de faire le lit
to mow the lawn	de tondre le gazon
to recycle the newspapers	de recycler les journaux
to sweep	de balayer
to take out the garbage	de sortir les ordures, de sortir les rebuts [CANADA]
to vacuum	de passer l'aspirateur
to water the plants	d'arroser les plantes

Pour parler un français authentique

furnishings, furniture	le mobilier
a handyman	un bricoleur, un homme à tout faire
household goods/items/furniture	les articles ménagers [un article]

landlord/landlady	le/la propriétaire
a mortgage	une hypothèque
a real estate agency	une agence immobilière
roommate, apartment mate	le colocataire
tenant	le/la locataire
to fix up the kitchen	aménager la cuisine
to move	déménager
to rent an apartment	louer un appartement
The rent is low/reasonable/high.	Le loyer est bas/modéré/élevé.
The bulb blew.	L'ampoule est grillée.
The light has gone out.	La lumière s'est éteinte.
The toilet is clogged.	Le WC est bouché.
We have to unclog the sink.	Il faut déboucher l'évier.
They're always fighting in that house.	Le torchon brûle chez eux.

Proverbes, expressions et citations

A man's home is his castle.	Chacun est roi en sa maison.
Every little bit helps.	Petit à petit l'oiseau fait son nid.
Actions have consequences.	Qui aime faire du feu doit s'habituer à la fumée.

«Un prophète n'est méprisé que dans sa patrie et dans sa maison.»
SAINT MATTHIEU

«Le maître doit faire honneur à sa maison et non la maison au maître.»
CICÉRON

«Il ne faut point parler de corde dans la maison d'un pendu.»
MIGUEL DE CERVANTES

«On fait la science avec des faits, comme on fait une maison avec des pierres: mais une accumulation de faits n'est pas plus une science qu'un tas de pierres n'est une maison.»
HENRI POINCARÉ

«L'architecture actuelle s'occupe de la maison, de la maison ordinaire et courante pour hommes normaux et courants. Elle laisse tomber les palais. Voilà un signe des temps.»
LE CORBUSIER

«Un vieillard qui meurt c'est une bibliothèque qui brûle.»
AMADOU HAMPÂTÉ BÂ, écrivain malien

Exercice 20

Match each place in the first column with the activity in the second column that takes place there.

1. _____ cuisine   a. lire
2. _____ chambre à coucher   b. arroser
3. _____ piscine   c. dormir
4. _____ escalier   d. se laver
5. _____ bibliothèque   e. travailler
6. _____ salle à manger   f. mettre la table
7. _____ le bureau   g. tondre
8. _____ la salle de bains   h. monter
9. _____ le gazon   i. nager
10. _____ le jardin   j. préparer un repas

Exercice 21

Choose the word that does not belong in each group.

1. a. salon   b. armoire   c. cuisine   d. salle à manger
2. a. ménage   b. repassage   c. jardinage   d. chauffage
3. a. bois   b. marteau   c. tournevis   d. scie
4. a. sommier   b. couverture   c. vaisselle   d. drap
5. a. briques   b. loyer   c. pierre   d. béton
6. a. drap   b. édredon   c. taie d'oreiller   d. bocal
7. a. canapé   b. cuillères   c. couteaux   d. fourchettes
8. a. miroir   b. lavabo   c. boîte   d. savon
9. a. douche   b. cuvette   c. bidet   d. lustre
10. a. tableau   b. tapis   c. affiche   d. poster

Exercice 22

Complete each phrase so that it expresses the meaning of the English phrase.

1. *guest room*   la chambre _____
2. *a bedroom*   une chambre _____
3. *kitchen appliances*   _____ de cuisine
4. *a wine rack*   un casier _____
5. *a set of furniture*   _____ de meubles
6. *a wine glass*   un verre _____
7. *a (water) leak*   _____ d'eau
8. *a smoke detector*   un détecteur _____
9. *a washcloth*   un gant _____
10. *a bedspread*   _____ de lit
11. *a retirement community* _____ de retraite
12. *a coffee grinder*   _____ à café

Exercice 23

In French, name the items you might use or the things you might do in each situation.

1. Des appareils de cuisine

   _____

   _____

2. Des meubles pour le salon

   _____

   _____

   _____

3. Pour mettre la table

   _____

   _____

   _____

4. Des outils

_____

_____

_____

5. Les travaux du ménage qu'il faut faire

_____

_____

_____

Exercice 24

What is necessary in each case?

MODÈLE   Pour faire du café, il faut _une cafetière_ .

1. Pour faire du thé, il faut _____ .

2. Pour se sécher les mains, il faut _____ .

3. Pour les plantes en hiver, il faut _____ .

4. Pour planter un clou, il faut _____ .

5. Pour peindre les murs, il faut _____ .

6. Pour déboucher le trou de vidange, il faut _____ .

7. Pour couvrir les fenêtres, il faut _____ .

8. Pour serrer une vis, il faut _____ .

Exercice 25

Translate the following sentences into French.

1. *There is a (water) leak in the attic.*

_____

2. *I need an adjustable wrench and a screwdriver.*

_____

3. *Your house is welcoming and quiet.*

_____

4. *There's a pill bottle in the medicine chest.*

_____

5. The cans are in the cabinet.

_____

6. The light went out. I think the bulb burned out.

_____

7. That house is made of stone.

_____

8. The saltshaker is on the spice rack.

_____

9. The master bedroom is on the right.

_____

10. I still have to buy a chest of drawers.

_____

5

Le bureau, l'ordinateur, les affaires et l'économie

The office, the computer, business, and the economy

This chapter presents vocabulary to describe the office, the functions of the computer, the running of a business, and elements of the economy. You will also learn vocabulary that will enable you to talk about finances, the stock exchange, and marketing, as well as the people who work in these fields.

At the office	**Au bureau**
answering machine	le répondeur
an appointment book	un agenda
a calendar	un calendrier
a cell phone	un (téléphone) portable
cubicles	des box [un box]
a desk	un bureau
electronic devices	des appareils électroniques [un appareil]
a fax machine	un fax, un télécopieur
a file cabinet	un meuble de classement, un meuble d'archivage
a landline	un téléphone fixe
a laptop	un (ordinateur) portable
a notebook	un cahier
paper	du papier
paperwork	de la paperasse, de la paperasserie
a pen	un stylo
a pencil	un crayon
phone number	le numéro de téléphone
a photocopier	une photocopieuse
a scanner	un scanner
a stapler	une agrafeuse
telecommuting	le télétravail
telephone	le téléphone
telephone call	l'appel [masc.], le coup de fil

a workstation	un poste de travail, une station de travail
a wrong number	un faux numéro, un mauvais numéro
to dial	composer le numéro
to make a phone call	faire un coup de fil

The telephone / Le téléphone

apps	les applications [une application]
area code	l'indicatif de zone [un indicatif]
cell phone display	l'écran d'affichage de téléphone portable [un écran]
country code	l'indicatif de pays
dial tone	la tonalité
handset	le combiné
keypad	le clavier
ringtone	la sonnerie
speed dialing	la numérotation abrégée
to hang up	raccrocher
to pick up the receiver, to take the call	décrocher
It's busy.	C'est occupé.
The phone is out of order.	Le téléphone ne marche pas.
Who's calling?	Qui est à l'appareil?
We got cut off.	Nous avons été coupés.

The computer / L'ordinateur

an ancillary device, a peripheral	un périphérique auxiliaire
arrow key	la touche fléchée
an attachment	une pièce jointe, un fichier joint
back button	le bouton «Précédent»
backup file	la sauvegarde
browser	le navigateur
computer graphics	l'infographie [fem.]
cursor	le curseur
cutting-edge technology	la technologie de pointe
data processing	le traitement de données
a device	un dispositif, un appareil
disk	le disque
dot (in address)	le point
e-mail	le courrier électronique
an e-mail	un courriel

a file	un fichier
file name	le nom de fichier
file sharing	le partage de fichiers
a folder	un dossier
frequently asked questions, FAQ	la foire aux questions, la FAQ
graphics	les graphiques [masc./fem.]
a hacker	un pirate informatique
high tech	la haute technologie, le high tech
home page	la page d'accueil
hyperlink	l'hyperlien [masc.]
information technology (IT)	l'informatique [fem.], les technologies de l'information [une technologie]
Internet	l'Internet [masc.], le réseau
Internet user	l'internaute [masc./fem.]
junk mail	le courrier indésirable, le pourriel [CANADA]
keyboard	le clavier
laptop	l'ordinateur portable [un ordinateur], le portable, le laptop
link	le lien
memory card	la carte mémoire
mouse	la souris
mouse pad	le tapis de souris
online	en ligne
operating system	le système d'exploitation
password	le mot de passe
a printer	une imprimante
screen	l'écran [masc.]
search engine	le moteur de recherche
software	les logiciels [un logiciel]
toolbar	la barre d'outils
touch screen	l'écran tactile [un écran]
website	le site web, le site internet
word processing	le traitement de textes
You can access e-mail.	Vous pouvez accéder à votre courrier électronique.
You can download music.	Vous pouvez télécharger de la musique.
You can send text messages.	Vous pouvez envoyer des SMS / des textos.
You can take digital pictures.	Vous pouvez faire des photos numériques.

Verbs for the computer

English	Des verbes pour l'ordinateur
to attach a file	joindre un fichier
to back up	sauvegarder
to click (on)	cliquer (sur)
to close a file	fermer un fichier
to copy	copier
to create a file	créer un fichier
to cut and paste	couper et coller
to download	télécharger
to drag a file	faire glisser un fichier
to drag and drop	glisser-poser
to go back	retourner
to input	entrer des données, saisir des données
to install a program	installer un programme
to keep in touch through social media	rester en contact par les réseaux sociaux
to log in	se connecter
to log off/out	se déconnecter
to make a backup	sauvegarder le fichier
to open a file	ouvrir un fichier
to press a key	appuyer sur une touche
to process information	traiter l'information
to save the file	sauvegarder le fichier, enregistrer le fichier
to scroll (up and down on screen)	faire défiler l'écran
to surf the Web/Internet	surfer sur Internet
to trash	mettre à la poubelle
to upload	télécharger

Who is attending the meeting?   Qui assiste à la réunion?

The boss is attending the meeting.	Le chef assiste à la réunion.
The CEO (chief executive officer)	Le PDG (président directeur général)
The CFO (chief financial officer)	Le directeur financier
The consultant	Le consultant, Le conseiller
The project manager	Le gestionnaire de projet
The financial advisor	Le conseiller financier
The analyst	L'analyste [masc./fem.]
The web designer	Le concepteur de sites internet
The secretary	Le/La secrétaire
The receptionist	La réceptionniste

The idiom **venir de** + infinitive means *to have just done something*, for example, **je viens de télécharger la pièce jointe** *I have just downloaded the attachment*. The verb **venir** *to come* is conjugated as follows in the present tense: **je viens, tu viens, il vient, nous venons, vous venez, ils viennent.**

Who has just left?	**Qui vient de sortir?**
The employees have just left.	Les employés viennent de sortir.
executives	cadres [un cadre]
experts	experts [un expert]
office workers	employés (de bureau) [un employé]

Banking — **La banque**

bank	la banque
bank account	le compte en banque
bank card	la carte bancaire
bank statement	le relevé bancaire, l'état bancaire [un état], le relevé de compte
bill (*currency*)	le billet de banque
bill (*to pay*)	la facture
check	le chèque
checkbook	le carnet de chèques, le chéquier
checking account	le compte courant
to deposit	déposer, verser
e-banking	la banque en ligne
interest	les intérêts [un intérêt]
loan	le prêt
money	l'argent [masc.]
savings account	le compte d'épargne
to withdraw money	retirer de l'argent
to write a check	faire un chèque

Business — **Les affaires**

bailout (*rescue*)	le sauvetage
to go bankrupt, to declare bankruptcy	faire faillite
board of directors	le conseil administratif
branch, branch office	la succursale
business	l'entreprise [fem.], la société

businessman	l'homme d'affaires [un homme]
businesswoman	la femme d'affaires
a company	une entreprise, une société, une compagnie
consulting	le conseil
consumer	le consommateur / la consommatrice
customer	le client / la cliente
debt	la dette
decision making	la prise de décisions
development	le développement
dividend	le dividende
domestic market	le marché intérieur, le marché local
to draft a budget, to draw up a budget	faire un projet de budget
earnings	les revenus [un revenu], les bénéfices [un bénéfice]
e-commerce	le commerce en ligne
embezzlement	le détournement de fonds
to fire	renvoyer
free market	l'économie de marché [une économie], le marché libre
global market	le marché mondial
goods	les biens [masc. pl.]
to grow	progresser, se développer, croître
growth	la croissance
to hire	embaucher
influence ("pull")	du piston
leadership	les qualités de dirigeant [une qualité]
to make a business plan	faire un business plan
management	la gestion
merger	la fusion
mission statement	un énoncé de la mission
organizational chart	l'organigramme [masc.]
personnel	le personnel
price	le prix
to produce	produire
profit and loss statement	le compte de résultat
retail	au détail
salary	le salaire
supply and demand	l'offre et la demande [une offre]
taxes	les impôts [un impôt]
wholesale	en gros

Marketing

Marketing	Le marketing
an ad, an advertisement	une annonce
advertising	la publicité, la pub [colloquial]
an advertising agency	une agence de publicité
brand	la marque
cost	le coût
to launch an ad campaign	lancer une campagne de publicité, lancer une campagne publicitaire
product	le produit
to promote	faire la promotion de
sample	l'échantillon [masc.]
to test	tester, mettre à l'épreuve

Finance and the stock exchange — Les finances et la bourse

Finance and the stock exchange	Les finances et la bourse
bear market, falling market	le marché baissier
a bond	une obligation
bull market, rising market	le marché haussier
diversified portfolio	un portefeuille diversifié
dividend	le dividende
to invest	investir
an investment	un investissement
an investor	un investisseur / une investisseuse
market forces	les forces du marché [une force]
portfolio management	la gestion de portefeuilles
risk management	la gestion des risques
to sell, to sell off	vendre
securities	les titres [un titre]
seller	le vendeur / la vendeuse
a stock	une action
stock exchange	la bourse
stock portfolio	le portefeuille d'actions
a stockbroker	un agent de change, un courtier en valeurs
a stockholder	un/une actionnaire
ups and downs	les hauts et les bas [masc. pl.]
world market	le marché mondial

The economy	L'économie
capitalism	le capitalisme
cost of living	le coût de la vie
debt	la dette
employment	l'emploi [masc.]
factory	l'usine [fem.]
free enterprise system	le système de libre entreprise
free market	le marché libre
global financial crisis	la crise financière mondiale
goods and services	les biens et les services [masc. pl.]
government	le gouvernement
growth	la croissance
income	le revenu (*from work*), la rente (*from investments*), les bénéfices (*corporate*) [un bénéfice]
income tax	l'impôt sur le revenu [un impôt], l'impôt sur les bénéfices
Internal Revenue Service (IRS)	le fisc
a job	un emploi, un poste
pension	la pension, la retraite
prosperity	la prospérité
public sector	le secteur public
to raise taxes	augmenter les impôts
recession	la récession, le ralentissement
rule of law	l'état de droit [un état], la primauté du droit
underemployment	le sous-emploi
unemployment	le chômage
value-added tax (VAT)	la taxe sur la valeur ajoutée (TVA)

Pour parler un français authentique

expiration date of the contract	l'échéance du contrat [une échéance]
power of attorney	la procuration
You can send text messages.	Vous pouvez envoyer des SMS/textos.
I'd like to make a withdrawal.	Je voudrais faire un retrait.
One can use online banking for all bank operations.	On peut utiliser la banque à distance pour toutes les opérations bancaires.

Proverbes, expressions et citations

A good product needs no advertising.	À bon vin point d'enseigne.
Investors are playing it safe.	Les investisseurs jouent la prudence.
It's selling like hotcakes.	Ça se vend comme des petits pains.
Plenty is no plague.	Abondance de biens ne nuit pas.
Never borrow from your friends.	Où commence l'emprunt, finit l'amitié.

«Ce n'est pas la source du pouvoir mais la limitation du pouvoir qui l'empêche d'être arbitraire.»
   FRIEDRICH HAYEK

«Les économistes pensent que les pauvres ont besoin d'eux pour leur dire qu'ils sont pauvres.»
   PETER DRUCKER

«La meilleure des publicités est un client satisfait.»
   BILL GATES

«[Les hausses d'impôts] ne réduisent jamais le déficit public. Car les gouvernements dépensent toujours ce qu'ils veulent dépenser.»
   MILTON FRIEDMAN

«Les créanciers ont meilleure mémoire que les débiteurs.»
   BENJAMIN FRANKLIN

Exercice 26

Complete each phrase so that it expresses the meaning of the English phrase.

1. *a file cabinet*   un meuble _____

2. *a bank account*   un compte _____

3. *junk mail*   le courrier _____

4. *bank statement*   le _____ de compte

5. *cost of living*   le coût _____

6. *stockbroker*   le courtier _____

7. *web designer*   le _____ de sites internet

8. *an advertising agency*   une agence _____

9. *the rule of law*   la primauté _____

10. *to test*   mettre _____

11. *stock portfolio*   le _____ d'actions

12. *savings account*   le compte _____

Exercice 27

Choose the word that does not belong in each group.

1. a. bourse   b. haussier   c. campagne   d. baissier
2. a. succursales b. titres   c. valeurs   d. actions
3. a. analyste   b. gestionnaire   c. conseiller   d. client
4. a. papier   b. usine   c. stylo   d. crayon
5. a. produit   b. échantillon   c. écran   d. marque
6. a. ordinateur   b. scanner   c. imprimante   d. lien
7. a. glisser   b. produire   c. coller   d. sauvegarder
8. a. prêt   b. employeur   c. embaucher   d. renvoyer
9. a. revenus   b. dividendes   c. impôts   d. bénéfices
10. a. actions   b. titres   c. dossiers   d. obligations

Exercice 28

Group the following words into the five categories given.

détail	compte	directeur	PDG	écran
gros	produit	verser	agrafeuse	conseiller
fichier	agenda	prix	gestionnaire	box
logiciel	télécopieur	billet	chef	cahier
intérêts	barre d'outils	coût	clavier	retirer

	Le bureau	L'ordinateur	Le commerce	La banque	Les cadres
1.	_____	_____	_____	_____	_____
2.	_____	_____	_____	_____	_____
3.	_____	_____	_____	_____	_____
4.	_____	_____	_____	_____	_____
5.	_____	_____	_____	_____	_____

Exercice 29

Complete each expression with the missing verb from the following list.

retirer   faire glisser   surfer   composer
lancer   installer   faire   augmenter

1. _____ un coup de fil
2. _____ le numéro
3. _____ les impôts
4. _____ de l'argent
5. _____ un fichier
6. _____ sur Internet
7. _____ une campagne de publicité
8. _____ un programme

Exercice 30

Match each word in the first column with its synonym in the second column.

1. _____ lancer   a. conseiller
2. _____ emploi   b. taxe
3. _____ gestionnaire   c. verser
4. _____ pension   d. prix
5. _____ consultant   e. commencer
6. _____ coût   f. ralentissement
7. _____ revenu   g. retraite
8. _____ impôt   h. bénéfices
9. _____ récession   i. administrateur
10. _____ déposer   j. poste

Exercice 31

Translate the following sentences into French.

1. You (Vous) *must back up all your files.*

   _____

2. *The company is going to use samples to promote this product.*

   _____

3. *Investors must pay attention to the ups and downs of the stock market.*

   _____

4. *The government is going to raise taxes.*

   _____

5. *E-commerce is important for the growth of the company.*

   _____

   _____

6. *Our agency is going to launch an advertising campaign for this product.*

   _____

   _____

7. *There is not much money in our savings account.*

   _____

8. *The CEO and the consultants have just left.*

   _____

9. *The company stays in touch with consumers through social media.*

   _____

   _____

10. *The chief financial officer is going to draw up a budget.*

    _____

    _____

6

Les voyages, les vacances et les loisirs
Travel, vacation, and leisure

This chapter presents vocabulary related to airplane and train travel, vacation destinations, sports, and leisure activities. You will learn the French words for the days of the week, months, seasons, and cardinal points, and you'll be able to describe—and complain about—the weather!

The verb **faire** *to do, to make* is used in many expressions. It is conjugated as follows in the present tense: **je fais, tu fais, il/elle/on fait, nous faisons, vous faites, ils/elles font**. In modern French, the **on** form often replaces **nous** in speech and informal writing. Thus, **on fait** can mean *we do* as well as *one does*.

Travel

We're taking *a trip*.
  a *bike ride*
  a *cruise*
  a *hike*
  a *ride*
  a *walk*

Les voyages

On fait <u>un voyage</u>.
  une promenade en bicyclette
  une croisière
  une randonnée
  une promenade en voiture
  une promenade

Seeing the sights

We're going <u>to go sightseeing</u>.
  to buy *a guidebook*
  to go *all around the region*
  to go *horseback riding*
  to go *on an excursion/outing*
  to go *to the casino*
  to see *the old city*
  to sightsee *in the city*
  to take *a guided tour*
  to take *a riverboat*
  to travel *around*

Le tourisme

Nous allons <u>faire du tourisme</u>.
  acheter un guide
  faire le tour de la région
  faire une promenade à cheval
  faire une excursion
  aller au casino
  visiter la vieille ville
  faire la visite de la ville
  faire une visite guidée
  faire du bateau-mouche
  voir du pays

Means of transportation

I like to travel *by plane*.
  by bike
  by boat
  by bus (coach)
  by car
  on foot
  by taxi
  by train

Moyens de transport

J'aime voyager en avion.
  à vélo [un vélo]
  en bateau [un bateau]
  en autocar [un autocar]
  en voiture [une voiture]
  à pied [un pied]
  en taxi [un taxi]
  en train [un train]

Traveling by airplane

I prefer *a nonstop flight*.
  a direct flight
  a flight with a stopover
  a night flight
  to fly standby
  an aisle seat
  a window seat

an airplane
landing
a stopover
takeoff

Voyage en avion

Je préfère un vol sans escale.
  un vol direct
  un vol avec escale
  un vol de nuit
  être en standby, être sur la liste d'attente
  un siège côté couloir
  un siège côté fenêtre/hublot

un avion
l'atterrissage [masc.]
une escale
le décollage

At the airport

Do you have *any carry-on luggage*?
  any bags to check
  your boarding pass
  the number of the gate
  your passport

À l'aéroport

Est-ce que vous avez du bagage à main?
  des valises à enregistrer [une valise]
  votre carte d'embarquement [une carte]
  le numéro de la porte d'embarquement
  votre passeport [un passeport]

The flight

The plane is *taking off now*.
  is landing now
  is arriving now
  is late
  is on time

The plane has taken off.
The plane has landed.

Le vol

L'avion décolle maintenant.
  atterrit maintenant
  arrive maintenant
  a du retard
  est à l'heure

L'avion a décollé.
L'avion a atterri.

The flight has been cancelled.	On a annulé le vol.
The plane is full.	L'avion est complet.
You must speak with the flight attendant.	Vous devez parler avec l'agent de bord / l'agente de bord.
Fasten your seat belts.	Attachez vos ceintures (de sécurité).

The past tense in French is a compound tense called the passé composé, consisting of a form of **avoir** or **être** followed by the past participle. Here is the passé composé of **faire**: **j'ai fait, tu as fait, il/elle/on a fait, nous avons fait, vous avez fait, ils/elles ont fait.**

We had a <u>wonderful</u> trip.	Nous avons fait un voyage <u>merveilleux</u>.
boring	ennuyeux
fun	amusant
horrible	affreux
memorable	mémorable
terrific	formidable
tiring	fatigant
very long	très long, interminable
very short	très court
We had an <u>interesting</u> trip.	Nous avons fait un voyage <u>intéressant</u>.
enjoyable	amusant
exhausting	épuisant
impressive	impressionnant

Taking the train

Prendre le train

You have to <u>look for the platform</u>.	Il faut <u>chercher le quai</u>.
to check the schedule/timetable	vérifier l'horaire
to wait in line at the ticket window	faire la queue au guichet
to buy tickets	prendre des billets
to buy a round-trip ticket	prendre un billet aller-retour
to find the dining car / the sleeping car	chercher le wagon-restaurant / le wagon-lit
to take the high-speed train	prendre le TGV
to look at the arrivals/departures board	regarder le tableau arrivées/départs
to punch your ticket	composter votre billet
to check your luggage	enregistrer vos bagages
to get on the train	monter dans le train
to get off the train	descendre du train

My car has broken down.

My car has broken down.	**Ma voiture est en panne.**
You have to repair the brakes.	Il faut réparer les freins.
the brake lights	les feux d'arrêt [un feu]
the carburetor	le carburateur
the exhaust pipe	le pot d'échappement, le tuyau d'échappement
the front axle	l'essieu avant [un essieu]
the gas pedal	l'accélérateur [masc.], le champignon [colloquial]
the gearshift	le levier de vitesse
the headlights	les phares [un phare]
the ignition	l'allumage [masc.]
the windshield wiper	l'essuie-glace [masc.]
I can't manage to open the trunk.	Je n'arrive pas à ouvrir le coffre.
the car door	la portière
the gas tank	le réservoir
the glove compartment	la boîte à gants
the hood	le capot
the windows	les vitres [une vitre]
There's a problem with the backup lights.	Il y a un problème avec les feux de recul.
the air conditioning	la climatisation
the back seat	le siège arrière
the front seat	le siège avant
the gas gauge	la jauge d'essence
the high-beam headlights	les feux de route
the horn	le klaxon
the jack	le cric
the license plate	la plaque d'immatriculation
the rearview mirror	le rétroviseur
the spare tire	la roue de secours
the speedometer	l'indicateur de vitesse [un indicateur]
the tires	les pneus [un pneu]
the turn signals	les clignotants [un clignotant]

Weather: the forecast — La météo: les prévisions météorologiques

What's the weather like?	Quel temps fait-il?
It's (very) nice.	Il fait (très) beau.
It's (very) bad.	Il fait (très) mauvais.
It's (very) cold.	Il fait (très) froid.
It's cool.	Il fait frais.

It's hot.	Il fait chaud.
It's sunny.	Il fait (du) soleil. / Il y a du soleil.
It's windy.	Il y a du vent.
What's the temperature?	Quelle température fait-il?
It's ninety degrees (Fahrenheit).	Il fait quatre-vingt-dix degrés.
It's thirty degrees Celsius/centigrade.	Il fait trente degrés Celsius.
It's clear.	Le temps est clair.
It's cloudy.	Le temps est nuageux. / Le ciel est nuageux. /
	Il fait nuageux. / Le ciel est couvert.
It's drizzling.	Il y a de la bruine. / Il bruine.
It's hailing.	Il grêle.
It's raining.	Il pleut.
It's snowing.	Il neige.
It's thundering.	Ça tonne.
There's fog.	Il y a du brouillard.
lightning	des éclairs [un éclair]
rain	de la pluie
a shower	une averse
snow	de la neige
a snowstorm	une tempête de neige
a storm	un orage

Climate — Le climat

This region has a cold climate.	Cette région a un climat froid.
hot	chaud
mild, temperate	tempéré
dry	sec
humid	humide

The seasons — Les saisons

Are you going on vacation in the summer?	Tu pars en vacances en été?
in the autumn	en automne
in the winter	en hiver
in the spring	au printemps

Cardinal points on the compass	Les points cardinaux sur la boussole
north	le nord
south	le sud
east	l'est [masc.]
west	l'ouest [masc.]
northeast	le nord-est
northwest	le nord-ouest
southeast	le sud-est
southwest	le sud-ouest

In French, the months of the year and the days of the week are not capitalized: **au mois de février il fait froid** *it's cold in the month of February*, **je travaille lundi** *I'm working on Monday*.

The months of the year	Les mois de l'année
I took a trip in January.	J'ai fait un voyage en janvier.
February	février
March	mars
April	avril
May	mai
June	juin
July	juillet
August	août
September	septembre
October	octobre
November	novembre
December	décembre

In French, the definite article is used before nouns that follow the verb **adorer**. English uses no article in this pattern.

Sports and games	Les sports et les jeux
I love swimming.	J'adore la natation.
baseball	le baseball
basketball	le basket, le basketball
bike riding	le cyclisme
board games	les jeux de société [un jeu]

>>>

cards	les cartes [une carte]
checkers	les dames [fem. pl.]
chess	les échecs [masc. pl.]
football	le football américain
skating	le patinage
skiing	le ski
soccer	le football
sports	les sports [un sport]
tennis	le tennis
video games	les jeux vidéo
volleyball	le volley, le volleyball
weightlifting	l'haltérophilie [fem.]

The verb **jouer** *to play* is followed by the preposition à + definite article before the names of sports or games. The preposition à contracts with the definite article **le** to form **au** and with the plural definite article **les** to form **aux**. It does not contract with **la** or **l'**.

I play <u>golf</u>.	Je joue <u>au golf</u>.
basketball	au basket, au basketball
cards	aux cartes
hockey	au hockey
ice hockey	au hockey sur glace
marbles	aux billes
pétanque (bowling game in southern France)	à la pétanque
ping-pong	au ping-pong
soccer	au football, au foot
video games	aux jeux vidéo
volleyball	au volley, au volleyball

I'd like to learn <u>to ride a bike</u>.	Je voudrais apprendre <u>à faire du vélo</u>.
to box	à faire de la boxe
to cook	à faire la cuisine
to dance	à danser
to dive	à plonger
to ice skate	à faire du patin à glace
to ride a horse	à monter à cheval

to skate	à faire du patin
to ski	à skier, à faire du ski
to swim	à nager
to wrestle	à faire de la lutte

Baseball is not played in French-speaking countries, with the exception of Canada and Switzerland. Canada has one major league baseball team, the Toronto Blue Jays. It used to have a second team, Les Expos de Montréal, but this team was moved to Washington, D.C., where it was renamed the Nationals.

Let's talk baseball.   **Parlons du baseball.**

base	le but
bat	la batte, le bâton
batter	le frappeur
catcher	le receveur
center fielder	le voltigeur de centre
double play	le double jeu
dugout	l'abri [masc.]
hit	le coup sûr
home plate	le marbre, la plaque
home run	le coup de circuit, le circuit
inning	la manche
left fielder	le voltigeur de gauche
outfielder	le voltigeur
pitcher	le lanceur
right fielder	le voltigeur de droite
shortstop	l'arrêt-court [masc.]
stolen base	le but volé
strike	la prise
strikeout	le retrait sur trois prises
umpire	l'arbitre [masc./fem.]
walk	le but sur balles

Other sports   **Encore des sports**

bowling	le bowling
to go bowling	jouer au bowling
marathon	le marathon
to run a marathon	faire un marathon

marathon runner	le coureur / la coureuse de marathon, le marathonien / la marathonienne
rock climbing	la varappe
to go rock climbing	faire de la varappe
rowing	l'aviron [masc.]
to do rowing	faire de l'aviron
sailing	la voile
to go sailing	faire de la voile
wrestling	la lutte, le catch
to wrestle	faire de la lutte, faire du catch
ball (small, as for baseball, tennis)	la balle
ball (large, as for soccer, basketball)	le ballon
game (that you watch)	le match
game (sport played according to rules)	le jeu
score	le score
to serve (tennis)	servir
(one's) serve (tennis)	le service
tennis court	le court de tennis
tennis player	le joueur / la joueuse de tennis
to throw the ball to someone	lancer la balle à quelqu'un
World Cup (soccer)	la Coupe du monde

In France, **lundi** *Monday* is the first day of the week.

Days of the week

Les jours de la semaine

We're going to play tennis <u>on Monday</u>.	Nous allons jouer au tennis <u>lundi</u>.
on Tuesday	mardi
on Wednesday	mercredi
on Thursday	jeudi
on Friday	vendredi
on Saturday	samedi
on Sunday	dimanche

Leisure activities

Les loisirs

In my free time, I like <u>to read</u>.	Pendant mon temps libre, j'aime <u>lire</u>.
to cook	faire la cuisine
to do charity work	travailler pour une œuvre de bienfaisance ❯❯❯

to go *camping*	faire du camping
to go *dancing*	aller danser
to go *fishing*	faire de la pêche
to go *for a walk*	me promener
to go *shopping*	faire des achats, faire du shopping
to go *to a café*	aller dans un café
to go *to a concert*	aller à un concert
to go *to a crafts fair*	aller à une exposition d'artisanat
to go *to a nightclub*	aller dans une boîte de nuit
to go *to the movies*	aller au cinéma
to go *to the theater*	aller au théâtre
to *ice skate*	faire du patin à glace
to *listen to music*	écouter de la musique
to *play the piano*	jouer du piano
to *putter, to do projects around the house*	faire du bricolage
to *sketch, to draw*	dessiner
to *ski*	faire du ski
to *surf the Web*	surfer sur Internet
to *swim*	nager
to *take an online class*	suivre un cours en ligne
to *take pictures*	faire des photos
to *visit a museum*	visiter un musée
to *walk my dog*	promener mon chien
to *watch TV*	regarder la télé
to *work out*	faire de l'exercice
to *write poetry*	écrire de la poésie

On vacation

En vacances

I want to spend my vacation <u>at the beach</u>.	Je veux passer mes vacances <u>au bord de la mer</u>.
abroad	à l'étranger
at an archaeological dig	sur un site archéologique
at a campground	dans un camping
on the coast	sur la côte
in the country	à la campagne
in the desert	au désert
in the mountains	à la montagne
in a seaside resort	dans une station balnéaire

in a five-star hotel	dans un hôtel cinq étoiles
at a youth hostel	dans une auberge de jeunesse

When I go camping, I bring a tent.	Quand je vais au camping, j'apporte <u>une tente</u>.
an air pump	un gonfleur
bait	des appâts [masc.]
a bottle opener	un ouvre-bouteille
a bucket	un seau
a can opener	un ouvre-boîte
a candle	une bougie
a compass	une boussole
a corkscrew	un tire-bouchon
disposable plates	des assiettes jetables [une assiette]
a first-aid kit	une trousse de secours
fish line	la ligne
a fishhook	un hameçon
a fishing rod	une canne à pêche
a (fish)net	un filet
a flashlight	une lampe de poche
a folding chair	une chaise pliante
a folding knife	un couteau pliant
a frying pan	une poêle
a hammer	un marteau
hunting equipment	du matériel de chasse
insect repellent	un répulsif
matches	des allumettes [fem.]
paper cups	des gobelets [masc.]
a penknife	un canif
a pocket knife	un couteau de poche
a sleeping bag	un sac de couchage
sunscreen	une crème solaire
a toiletry bag	une trousse de toilette
trash bags	des sacs poubelle [un sac]

Who's going <u>to pitch the tent</u>?	Qui va <u>monter la tente</u>?
to buy drinking water	acheter de l'eau potable
to drive in the stakes	enfoncer les piquets
to hang the hammock	accrocher le hamac
to light the gas stove	allumer le réchaud à gaz

to make the campfire	faire le feu de camp
to open the cans	ouvrir les boîtes
to park the trailer	garer la roulotte
to put batteries in the flashlight	mettre des piles dans la lampe de poche
to reserve a place at the campground	réserver un emplacement au camping

At the hotel — À l'hôtel

Do you have a room for one night?	Avez-vous une chambre pour une nuit?
adjoining rooms	des chambres communicantes
an air-conditioned room	une chambre climatisée
a room for one person	une chambre pour une personne
a room for two nights	une chambre pour deux nuits
a room that faces the inner courtyard	une chambre qui donne sur la cour
a room that faces the street	une chambre qui donne sur la rue
a room with a balcony	une chambre avec balcon
a room with a refrigerator	une chambre avec réfrigérateur
a room with a shower	une chambre avec douche
a room with a view	une chambre avec vue
a room with an Internet connection	une chambre avec connexion internet
a room with two beds	une chambre à deux lits
a single room	une chambre à un lit

Is there an elevator in the hotel?	Est-ce qu'il y a un ascenseur dans l'hôtel?
a ballroom	une salle de danse
a bar	un bar
a bellhop	un chasseur
a concierge	un/une concierge
a conference room	une salle de conférence
a fitness center	une salle de sport
a florist	un/une fleuriste
a hair salon	un coiffeur
an indoor pool	une piscine couverte
laundry service	un service de lessive
a lobby	un lobby
a lounge for guests	un salon pour les clients
an outdoor pool	une piscine découverte
a parking garage	un parking
a restaurant	un restaurant
room service	du service de chambre

a sauna	un sauna
a security system	un système de sécurité
shoeshine service	un service de cirage (de chaussures)
a shop	une boutique
a souvenir shop	une boutique de souvenirs
a whirlpool	un jacuzzi

I have to pay the bill.	Il me faut régler la note.
to pay cash	payer en espèces
to pay with a credit card	payer avec une carte de crédit
to change money	changer de l'argent
to get a different room	changer de chambre
to leave tomorrow	partir demain
to reserve a room	réserver une chambre
to give back my keys	rendre mes clés [une clé]

Pour parler un français authentique

to pack the suitcases	faire les valises
to play a sport	pratiquer un sport
The fans cheer their team on.	Les supporters encouragent leur équipe.
This plane stops over in Athens.	Cet avion fait escale à Athènes.
The train is in the station.	Le train est en gare.
Which platform is the train to Marseille?	C'est quel quai, le train pour Marseille?
Our car broke down.	Notre voiture est tombée en panne.
We have a flat tire.	Nous avons un pneu à plat / un pneu crevé.
You have to make preparations for the trip.	Il faut faire les préparatifs pour le voyage.

Proverbes, expressions et citations

A rolling stone gathers no moss.	Pierre qui roule n'amasse pas mousse.
No grass grows on a beaten road.	À chemin trop battu il ne croît jamais d'herbe.
There are better days ahead.	Après la pluie, le beau temps.
One swallow doesn't make a summer.	Une hirondelle ne fait pas le printemps.

«Un voyage de mille lieues commence toujours par un premier pas.»
 LAO TSU

«Il faut voyager pour frotter et limer sa cervelle contre celle d'autrui.»
 MONTAIGNE

«Lorsqu'on emploie trop de temps à voyager, on devient enfin étranger en son pays.»

RENÉ DESCARTES

«On ne va jamais aussi loin que lorsqu'on ne sait pas où l'on va.»

CHRISTOPHE COLOMB

«On voyage pour changer non de lieu, mais d'idées.»

HIPPOLYTE TAINE

«L'une des choses que j'apprécie le plus quand je voyage à l'étranger, c'est de penser que je vais retourner en France.»

PIERRE DANINOS

«Il n'y a d'homme plus complet que celui qui a beaucoup voyagé, qui a changé vingt fois la forme de sa pensée et de sa vie.»

ALPHONSE DE LAMARTINE

«Un touriste se reconnaît au premier coup d'œil. C'est un individu habillé d'une manière telle que s'il se trouvait dans son propre pays, il se retournerait dans la rue en se voyant passer.»

PHILIPPE MEYER

Exercice 32

Complete each phrase so that it expresses the meaning of the English phrase.

1. *a nonstop flight* — un vol _____

2. *What's the weather like?* — _____ fait-il?

3. *I took a trip.* — _____ un voyage.

4. *an aisle seat* — un siège _____

5. *a snowstorm* — _____ de neige

6. *The plane has taken off.* — L'avion _____.

7. *carry-on luggage* — du bagage _____

8. *to go to a nightclub* — aller dans _____

9. *a seaside resort* — une station _____

10. *an exhausting trip* — un voyage _____

11. *I love swimming.* — J'adore _____.

12. *a round-trip ticket* — un billet _____

13. *to go shopping* — faire _____

14. *We're going to play tennis.* — Nous allons _____.

15. *a mild and dry climate* — un climat _____

16. *You must check the suitcase.*   Vous devez _____.

17. *I took a trip in July.*   J'ai fait un voyage _____.

18. *I'm working on Friday.*   Je travaille _____.

19. *a youth hostel*   une auberge _____

20. *to go horseback riding*   faire une promenade _____

Exercice 33

In French, use weather and climate expressions to describe each of the following places.

1. Paris

_____

_____

_____

2. Marseille

_____

_____

_____

3. Londres

_____

_____

_____

4. Dakar, Sénégal

_____

_____

_____

5. Québec

_____

_____

_____

6. Dallas

_____

_____

_____

Exercice 34

List ten things you like to do in your leisure time. Begin each sentence with either **"J'aime..."** or **"J'adore..."**

1. _____
2. _____
3. _____
4. _____
5. _____
6. _____
7. _____
8. _____
9. _____
10. _____

Exercice 35

Describe a trip you took. Tell where and when you went, how you prepared for your trip, how you traveled, with whom you traveled, and what you did there. If you prefer, describe a trip you plan to take.

_____
_____
_____
_____
_____
_____
_____
_____
_____
_____
_____
_____

Exercice 36

Select the verb that correctly completes each phrase.

1. l'avion _____ (vérifie / atterrit)
2. _____ en vacances (partir / visiter)
3. _____ échecs (jouer des / jouer aux)
4. _____ un cours (suivre / nager)
5. _____ un sport (monter / pratiquer)
6. _____ une promenade en voiture (chercher / faire)
7. _____ très chaud (il fait / il va)
8. _____ vos ceintures (ouvrez / attachez)
9. _____ le TGV (décoller / prendre)
10. _____ le vol (annuler / enregistrer)

Exercice 37

Give the noun phrase (definite article + noun) found in this chapter that is derived from each of the following verbs.

1. neiger _____
2. pleuvoir _____
3. bruiner _____
4. voyager _____
5. arriver _____
6. partir _____
7. se promener _____
8. visiter _____
9. jouer _____
10. atterrir _____
11. décoller _____
12. acheter _____

Exercice 38

Unscramble the letters in each item to create a word that appears in the chapter.

1. bueagre _____
2. roriiècse _____
3. ndaenorén _____
4. époltraihhlei _____
5. ogicrelba _____
6. ernesisd _____
7. srncedede _____
8. ueetatrémrp _____
9. nmsrteipp _____
10. rinnnpeosiatms _____

Exercice 39

Translate the following sentences into French.

1. You (Vous) *ought to pack the suitcases.*

   _____

2. *Here is my boarding pass and passport.*

   _____

3. *The plane has landed, but it is late.*

   _____

4. *We had a wonderful but very long trip.*

   _____

5. *When I am in Paris, I like to sightsee in the city.*

   _____

6. *The weather is bad today. It's windy and it's hailing.*

   _____

   _____

7. *We are going to stand in line at the ticket window and buy a round-trip ticket.*

   _____

   _____

8. *They want to play chess.*

   _____

9. *I want to spend my vacation in the mountains or in the country.*

   _____

   _____

10. *In my spare time, I like to go camping and fishing.*

    _____

    _____

La routine quotidienne; l'éducation
The daily routine; education

In this chapter, you will learn vocabulary related to your daily routine, from waking up in the morning to going to sleep at night. You will learn how to describe your feelings and emotions and how to talk about important life events. The vocabulary related to education will enable you to describe your school experiences, fields of study, and favorite teachers.

Most of the verbs we use to talk about our daily routine are pronominal verbs, called reflexive verbs in English. A pronominal verb always has an object pronoun that refers to the subject. Pronominal verbs appear in dictionaries with the third-person pronoun **se** before the infinitive. Here is the conjugation of **se lever** *to get up*: **je me lève, tu te lèves, il/elle/on se lève, nous nous levons, vous vous levez, ils/elles se lèvent.**

The daily routine

La routine quotidienne

One has to wake up early.	Il faut se réveiller tôt.
to fall asleep	s'endormir
to get dressed	s'habiller
to get undressed	se déshabiller
to get up	se lever
to go to bed	se coucher
to wash up	se laver

After reflexive verbs, French uses the definite article where English uses the possessive adjective for actions that include articles of clothing or parts of the body: **elle se lave les mains** *she washes her hands*.

Personal grooming

La toilette

You have to brush your teeth every day.	Tous les jours il faut se brosser les dents.
to bathe, to take a bath	se baigner
to comb your hair	se peigner

>>>

to floss your teeth	passer le fil dentaire
to relax	se détendre, se relaxer
to rest	se reposer
to shave	se raser
to shower	prendre une douche
to take a bath	prendre un bain
to wash your face / your hands	se laver la figure / les mains

She has to cut her nails.	Elle doit se couper les ongles.
to brush her hair	se brosser les cheveux
to dry her hair	se sécher les cheveux
to file her nails	se limer les ongles
to put on lipstick	mettre du rouge à lèvres
to put on makeup	se maquiller
to shave her legs	se raser les jambes

Beauty and personal grooming products | Les produits de beauté et de soins personnels

There is shampoo in the medicine chest.	Il y a du shampooing dans l'armoire à pharmacie.
an antiperspirant	un anti-transpirant
a comb	un peigne
conditioner	de l'après-shampooing [masc.], du conditionneur
deodorant	du déodorant
a depilatory	un épilatoire
hair coloring	de la teinture
a hairbrush	une brosse à cheveux
a lipstick	du rouge à lèvres
makeup	du maquillage
a moisturizing cream	une crème hydratante
mouthwash	du bain de bouche
nail polish	du vernis à ongles
a razor (electric)	un rasoir (électrique)
shaving cream	de la crème a raser
soap	du savon
a toothbrush	une brosse à dents

There are tweezers in the medicine chest.	Il y a une pince (à épiler) dans l'armoire à pharmacie.
bath oils and salts	de l'huile et des sels de bain [une huile, un sel]
nail clippers	un coupe-ongles
razor blades	des lames de rasoir [une lame]

French pronominal verbs that express emotions or feelings often have English equivalents consisting of *to be* or *to get* and a past participle: **se fatiguer** *to get tired*.

The pronoun **on** used with a third-person singular verb is the equivalent of English *people, one, you, they*. **On** followed by a third-person singular verb often replaces **nous** in everyday speech.

Emotions	**Les émotions**
One shouldn't <u>get angry</u>.	On doit pas <u>se fâcher</u>.
argue (with each other)	se disputer
complain about everything	se plaindre de tout
fly into a panic	se mettre en panique
get angry	se mettre en colère
get bored	s'ennuyer
get impatient	s'impatienter
get insulted	s'offenser
get tired	se fatiguer
get upset	s'énerver
lose one's temper	s'emporter
worry	s'inquiéter, se préoccuper
worry about everything	se soucier de tout

Il faut + infinitive is an impersonal expression used to tell what people in general must do.

Positive attitudes	**Des attitudes positives**
One must <u>calm down</u>.	Il faut <u>se calmer</u>.
be enthusiastic	s'enthousiasmer
be interested in everything	s'intéresser à tout
feel at ease	se sentir à son aise
have a good time	s'amuser
relax	se détendre

Health and accidents	**La santé et les accidents**
to break (a part of the body)	se casser (une partie du corps)
to burn, to get burned	se brûler
to catch a cold	s'enrhumer, prendre un rhume
to faint	s'évanouir

to *get exhausted*, to *become exhausted*	s'épuiser
to *hurt one's hand*	se faire mal à la main
to *hurt oneself*	se faire mal
to *lie down*	s'allonger
to *take care of oneself*	se soigner
to *twist one's ankle*	se tordre la cheville

Movement

Le mouvement

We're going to come closer.	On va s'approcher.
to *go away*	s'en aller
to *go for a walk*	se promener
to *hurry up*	se dépêcher
to *move around*	se déplacer
to *move away (from)*	s'éloigner (de)
to *move over*, to *make room*	se pousser
to *sit down*	s'asseoir
to *stand up*	se lever, se mettre debout
to *stop*	s'arrêter
to *turn around*	se retourner

Some life events

Quelques événements de la vie

They want to enroll in the university.	Ils veulent s'inscrire à l'université.
to *get engaged (to)*	se fiancer (avec)
to *get married (to)*	se marier (avec)
to *settle in (into a house)*	s'installer

The French word **éducation**, like its English cognate *education*, refers to schooling. But the French word also means *upbringing, good manners*. The corresponding verb **éduquer** as in **éduquer un enfant** means to *raise a child* or to *bring up a child*. **Instruire un enfant** means to *educate a child* in the sense of teaching him or her subject matter.

Education

L'éducation

What should students do?	Que doivent faire les étudiants?
Students should pay attention.	Les étudiants doivent faire attention.
apply for a scholarship	présenter une demande de bourse
get good grades	avoir/obtenir de bonnes notes [une note]
get a high school diploma	obtenir leur baccalauréat [un baccalauréat]
go to class	assister aux cours [un cours]

>>>

graduate	avoir leur diplôme [un diplôme], obtenir leur diplôme
hand in their reports	remettre leurs dissertations [une dissertation]
learn a lot	apprendre beaucoup
pass their exams	réussir aux examens [un examen]
read their textbooks	lire leurs manuels [un manuel]
study hard	travailler dur, étudier sérieusement
take courses	suivre des cours
take exams	passer les examens
take notes	prendre des notes
write papers/compositions	rédiger des dissertations

What should students not do?	Que ne doivent pas faire les étudiants?
Students should not skip class.	Les étudiants ne doivent pas sécher un cours.
be absent	être absents
cut class	sécher un cours
fail an exam	échouer à un examen
play hooky	faire l'école buissonnière

The school environment   Le milieu scolaire

school	l'école [fem.]
nursery school	la maternelle
elementary school	l'école primaire
middle school	le collège
high school, secondary school	le lycée
a pupil	un/une élève
a student	un étudiant / une étudiante
a teacher (elementary school)	un instituteur / une institutrice
a teacher (high school and university)	un/une professeur
university	l'université [fem.]
school (of a university)	la faculté
to get a degree in	obtenir un diplôme en
to major in	faire des études de [une étude], se spécialiser en
a college degree	un titre universitaire
a full professor	un professeur titulaire
an associate professor	un professeur agrégé
an assistant professor	un professeur adjoint
a visiting lecturer	un chargé de cours / une chargée de cours
an online course	un cours à distance

School supplies

Les fournitures scolaires

The student has a pen.

L'étudiant a un stylo.

an appointment book	un agenda
books	des livres [un livre]
a calculator	une calculatrice
a compass	un compas
a computer	un ordinateur
an e-book reader	un lecteur de livres numériques
a locker	un casier
a marker	un marqueur, un feutre
a memo book	un carnet, un calepin
a notebook	un cahier
a (note)pad	un bloc-notes
a pencil	un crayon
a pencil case	une trousse (d'écolier)
a pencil sharpener	un taille-crayon
a ruler	une règle

Most adjectives in French form the feminine by adding **e** to the masculine form. If the adjective already ends in **-e**, no **e** is added. However, adjectives ending in **-é** (past participles of **-er** verbs) do add an **e** in the feminine, for example, **apprécié/appréciée, respecté/respectée.**

Our teacher

Notre professeur

Professor Laval is nice.

Le professeur Laval est sympathique.

boring	ennuyeux [fem.: ennuyeuse]
brilliant	brillant [fem.: brillante]
demanding	exigeant [fem.: exigeante]
easy	facile
famous	très connu [fem.: très connue]
fascinating	passionnant [fem.: passionnante]
grumpy	grincheux [fem.: grincheuse]
hard	difficile
lenient	indulgent [fem.: indulgente]
popular	très apprécié [fem.: très appréciée]
respected	très respecté [fem.: très respectée]
scholarly	érudit [fem.: érudite], savant [fem.: savante]
smart	intelligent [fem.: intelligente]

›››

strict	strict [fem.: stricte], sévère
understanding	compréhensif [fem.: compréhensive]
unpleasant	antipathique

Working in education — Travailler dans l'éducation

She's working in <u>adult education</u>.	Elle travaille dans <u>la formation continue</u>.
distance learning	l'enseignement à distance [un enseignement]
elementary education	l'enseignement primaire
higher education	l'enseignement supérieur
preschool education	l'enseignement maternel
secondary education	l'enseignement secondaire

The preposition **à** contracts with the definite article **le** to form **au** and with the definite article **les** to form **aux**. It does not contract with **la** or **l'**.

My studies — Mes études

I'm most interested <u>in chemistry</u>.	Je m'intéresse surtout <u>à la chimie</u>.
in accounting	à la comptabilité
in architecture	à l'architecture [fem.]
in art	à l'art [masc.]
in biology	à la biologie
in computer science	à l'informatique [fem.]
in dentistry	à l'odontologie [fem.]
in economics	à l'économie [fem.]
in engineering	au génie
in graphic design	au graphisme
in history	à l'histoire [fem.]
in hotel management	à l'hôtellerie [fem.]
in law	au droit
in math	aux mathématiques [fem. pl.], aux maths [fem. pl.]
in medicine	à la médecine
in music	à la musique
in physics	à la physique

At the university

	À l'université
Where is the law school, please?	Où est <u>la faculté de droit</u>, s'il vous plaît?
the business school	la faculté de commerce
the school of dentistry	la faculté dentaire, la faculté d'odontologie
the medical school	la faculté de médecine
the school of continuing education	la faculté de l'éducation permanente
the school of engineering	la faculté de génie
the school of fine arts	la faculté de beaux arts
the school of liberal arts	la faculté de lettres
the school of sciences	la faculté des sciences
the school of social sciences	la faculté des sciences humaines
the school of veterinary medicine	la faculté de médecine vétérinaire

Pour parler un français authentique

bad at math	mauvais/mauvaise en maths, nul/nulle en maths
good at math	bon/bonne en maths, calé/calée en maths, fort/forte en maths
to have a degree	être diplômé/diplômée
to be talkative	avoir la langue bien pendue
The rows of seats of the lecture hall are staggered.	Les gradins de l'hémicycle sont en quinconce.

Proverbes, expressions et citations

Heaven helps those who help themselves.	Aide-toi et le ciel t'aidera.
Nothing ventured, nothing gained.	Qui ne risque rien, n'a rien.
Practice makes perfect.	C'est en forgeant qu'on devient forgeron.
Don't put off for tomorrow what you can do today.	Il ne faut pas remettre au lendemain ce qu'on peut faire le jour même.
Better late than never.	Mieux vaut tard que jamais.

«Se coucher tôt, se lever tôt c'est amasser santé, richesse et sagesse.»
   BENJAMIN FRANKLIN

«C'est la vie qui nous apprend, et non l'école.»
   SÉNÈQUE

«Tout homme reçoit deux sortes d'éducation: l'une qui lui est donnée par les autres, et l'autre, beaucoup plus importante, qu'il se donne à lui-même.»
  EDWARD GIBBON

«Le doute est l'école de la vérité.»
  FRANCIS BACON

«Enseigner, c'est apprendre deux fois.»
  JOSEPH JOUBERT

«L'architecture, c'est une tournure d'esprit et non un métier.»
  LE CORBUSIER

«De toutes les écoles que j'ai fréquentées, c'est l'école buissonnière qui m'a paru la meilleure.»
  ANATOLE FRANCE

Exercice 40

Complete each phrase so that it expresses the meaning of the English phrase.

1. *to take courses* _____ des cours
2. *to enroll in the university* _____ à l'université
3. *preschool education* l'enseignement _____
4. *to twist one's ankle* _____ la cheville
5. *to fly into a panic* _____ en panique
6. *a hairbrush* une brosse _____
7. *to get angry* se mettre _____
8. *to hand in their reports* remettre _____
9. *to apply for a scholarship* présenter une demande de _____
10. *the school of social sciences* la faculté des _____
11. *a college degree* un _____ universitaire
12. *the law school* la faculté de _____
13. *to get married to someone* _____ avec quelqu'un
14. *to cut one's nails* se couper _____
15. *to pass the test* _____ à l'examen

Exercice 41

Match each verb in the first column with the noun in the second column that is related to it.

1. _____ se laver   a. des livres

2. _____ se laver la tête   b. un calepin

3. _____ épiler   c. savon

4. _____ se maquiller   d. des sels

5. _____ prendre des notes   e. pince

6. _____ étudier   f. un rasoir

7. _____ prendre un bain   g. le shampooing

8. _____ se raser   h. rouge à lèvres

Exercice 42

Match each verb in the first column with its opposite in the second column.

1. _____ s'en aller   a. s'inquiéter

2. _____ s'allonger   b. se mettre en colère

3. _____ assister à   c. échouer

4. _____ réussir   d. retourner

5. _____ se réveiller   e. s'approcher

6. _____ se calmer   f. se lever

7. _____ se détendre   g. s'endormir

8. _____ s'éloigner   h. sécher

Exercice 43

Select the verb or phrase that correctly completes each sentence.

1. Elle doit _____ les ongles. (se couper / se fâcher)

2. Il doit _____ la tête avec du shampooing. (se couper / se laver)

3. Tout va bien. Elle ne doit pas _____. (s'enthousiasmer / se préoccuper)

4. Elle ne se soigne pas. Elle va _____. (s'enrhumer / se retourner)

5. Pour avoir son diplôme, il doit _____. (avoir de bonnes notes / sécher ses cours)

6. Il est tard. Il faut _____. (se brûler / se dépêcher)

7. Pour sortir elle va _____ du rouge à lèvres. (se raser / mettre)

8. S'il veut réussir, il doit _____ le manuel. (lire / rédiger)

9. Demain elle va _____ tôt. (se réveiller / se soucier)

10. Elle veut s'asseoir. Il faut _____ un peu. (se brosser / se pousser)

Exercice 44

Respond in French as specified for each of the following situations.

1. List some of the things you do every day, from waking up to going to bed.

   _____

   _____

   _____

   _____

   _____

2. Describe an excellent teacher that you know.

   _____

   _____

   _____

   _____

   _____

3. Create five sentences having to do with high school or college.

   _____

   _____

   _____

   _____

   _____

4. Create five sentences about your emotions or feelings.

   _____

   _____

   _____

   _____

   _____

Exercice 45

Translate the following sentences into French.

1. *I'm interested in biology and chemistry.*

   _____

2. *I'm going to brush my teeth and use dental floss.*

   _____

3. *The students must hand in their reports tomorrow.*

   _____

4. *One mustn't get upset. One must relax.*

   _____

5. *The (elementary school) teachers are going to get angry if the pupils play hooky.*

   _____

   _____

6. *She mustn't get exhausted. She may faint.*

   _____

7. *They are going to argue with each other and complain about everything.*

   _____

   _____

8. *This professor is very popular and very respected.*

   _____

9. *Many students are absent today.*

   _____

10. *One must pay attention in order not* (pour ne pas) *to hurt oneself.*

   _____

   _____

8

La santé et les accidents
Health and accidents

In this chapter, you will learn the French words for illnesses, diseases, parts of the body, medicines, and the hospital. You will be able to describe your symptoms to the doctor and dentist. The vocabulary you learn will enable you to express your ideas about how to lead a healthy life.

Les reins in French is literally *kidneys*, but the word is also used for the entire *lower back*.

What hurts you?

My _throat_ hurts.
  back
  leg
  mouth
  stomach

My _legs_ hurt.
  ears
  eyes
  feet

Où est-ce que tu as mal?

J'ai mal <u>à la gorge</u>.
  au dos, aux reins [un rein]
  à la jambe
  à la bouche
  au ventre, a l'estomac [masc.]

J'ai mal <u>aux jambes</u>.
  aux oreilles [une oreille]
  aux yeux [un œil]
  aux pieds [un pied]

Breaks and sprains

He broke _his elbow_.
  his arm
  his finger
  his knee
  his neck
  his nose
  his rib
  his shoulder
  his tooth

Les fractures et les entorses

Il s'est cassé <u>le coude</u>.
  le bras
  le doigt
  le genou
  le cou
  le nez
  une côte
  l'épaule [fem.]
  une dent

Did she sprain her ankle?	Est-ce qu'elle s'est foulé la cheville?
her toe	l'orteil [masc.]
her wrist	le poignet

As with other reflexive verbs, French uses the definite article where English uses the possessive adjective for actions that include parts of the body.

I cut my hand.	Je me suis coupé la main.
I fractured my leg.	Je me suis fracturé la jambe.

Note the expressions **se faire mal** *to hurt oneself* and **se faire mal au / à la / à l' / aux** + **partie du corps** *to hurt one's* + *part of the body*: **se faire mal à la tête** *to hurt one's head.*

I hurt my arm.	Je me suis fait mal au bras.
my knees	aux genoux
my leg	à la jambe

At the doctor's office

Au cabinet du médecin

A doctor has to examine his patients.	Un médecin doit examiner ses patients.
to do a blood test	faire une prise de sang
to do a checkup / an examination	faire un bilan de santé
to do a throat culture	faire une culture de la gorge
to give an injection	faire une piqûre
to listen to his patient's chest	ausculter la poitrine de son patient
to listen to his patient's lungs	ausculter les poumons de son patient
to take his patient's blood pressure	prendre la tension (artérielle) de son patient
to take his patient's pulse	tâter le pouls de son patient
to take his patient's temperature	prendre la température de son patient
to take X-rays	faire des radiographies [une radiographie]
to vaccinate children	vacciner les enfants [un/une enfant]
to write a prescription	faire une ordonnance, rédiger une ordonnance

What are your symptoms?

Quels sont vos symptômes?

I feel awful.	Je me sens affreusement mal.
I don't feel well.	Je ne me sens pas bien.
I feel stressed.	Je me sens stressé(e).
I feel tired.	Je me sens fatigué(e).
I have a backache.	J'ai un mal de dos.

I have chapped lips.	J'ai les lèvres gercées.
I'm constipated.	Je suis constipé(e).
I have diarrhea.	J'ai la diarrhée.
I have fever.	J'ai de la fièvre.
I have a headache.	J'ai un mal de tête.
I have a migraine.	J'ai une migraine.
I have a sore throat.	J'ai un mal de gorge.
I have a stomachache.	J'ai un mal de ventre.
I have a stuffy nose.	J'ai le nez bouché.
I have no energy.	Je manque d'énergie.
I'm coughing.	Je tousse.
I'm gaining weight.	Je prends du poids.
I'm losing weight.	Je perds du poids.
I'm nauseous.	J'ai mal au cœur. / J'ai des nausées.
I'm sneezing.	J'éternue.

Remedies / Les remèdes

The doctor gave me <u>a prescription</u>.	Le médecin m'a donné <u>une ordonnance</u>.
antibiotics	des antibiotiques [un antibiotique]
an antihistamine	un antihistaminique
some cough drops	des pastilles pour la toux [une pastille]
cough syrup	un sirop pour la toux
a flu shot	un vaccin contre la grippe
an injection	une piqûre
some medicine	un médicament
a pain killer	un calmant, un antalgique
some pills	des pilules [une pilule]
sleeping pills	des somnifères [un somnifère]
a tranquilizer	un calmant, un tranquillisant

What does the patient have? — **Qu'est-ce qu'il a, le patient?**

He has <u>an illness</u>.	Il a <u>une maladie</u>.
a bruise	un bleu
a burn	une brûlure
a cut	une coupure
indigestion	une indigestion
an infection	une infection
an injury	une blessure
a rash	des rougeurs [une rougeur]
a virus	un virus

The patient has a cold.	La patiente est enrhumée.
is in critical condition	est très grave
is dying	est moribonde
has the flu	est grippée, a la grippe
is pregnant	est enceinte
is sick	est malade

I have a mosquito bite on my forehead.	J'ai une piqûre de moustique sur le front.
on my cheek	sur la joue
on my eyelid	sur la paupière
on my face	sur le visage

Medical specialists — Les médecins spécialistes

I have an appointment with the doctor.	J'ai rendez-vous avec le médecin.
the cardiologist	le/la cardiologue
the dermatologist	le/la dermatologue
the family doctor	le médecin / le docteur traitant, le médecin / le docteur de famille
the general practitioner	le/la généraliste
the gynecologist	le/la gynécologue
the nurse practitioner	l'infirmier praticien / l'infirmière praticienne

I have an appointment with the doctor.	J'ai rendez-vous chez le médecin.
the obstetrician	l'obstétricien / l'obstétricienne, le médecin accoucheur
the ophthalmologist	l'ophtalmologue [masc./fem.], l'ophtalmologiste [masc.]
the pediatrician	le/la pédiatre
the psychiatrist	le/la psychiatre

Parts of the body — Des parties du corps

bones	les os [un os]
brain	le cerveau
breast	le sein
chest	la poitrine
glands	les glandes [une glande]
heart	le cœur
hip	la hanche
joints	les articulations [une articulation]
kidney	le rein

liver	le foie
lung	le poumon
muscles	les muscles [un muscle]
spine	la colonne vertébrale
thigh	la cuisse

Illnesses and medical conditions / Les maladies et les pathologies

medical history	le dossier médical, les antécédents médicaux
an allergy	une allergie
arthritis	l'arthrite [fem.]
asthma	l'asthme [masc.]
bronchitis	la bronchite
cancer	le cancer
cold	le rhume
cough	la toux
diabetes	le diabète
flu	la grippe
heart attack	l'infarctus [masc.]
heart disease	la maladie du cœur, la cardiopathie
hypertension	l'hypertension [fem.]
laryngitis	la laryngite
mental illness	la maladie mentale
pneumonia	la pneumonie
sinusitis	la sinusite
skin disease	la maladie de la peau
stomach virus	la gastro-entérite, la gastrite
strep throat	l'angine [fem.]
urinary infection	l'infection urinaire [une infection]

What does he have? / De quoi souffre-t-il?

He's suffering from a serious illness.	Il souffre d'une maladie grave.
from a chronic disease	d'une maladie chronique
from a contagious disease	d'une maladie contagieuse
from a fatal disease	d'une maladie mortelle
from a hereditary disease	d'une maladie héréditaire
from an infectious disease	d'une maladie infectieuse

In the dentist's office

Chez le dentiste

The dentist has <u>to fill the tooth</u>.	Le dentiste doit <u>plomber la dent</u>.
to *clean the teeth*	faire un nettoyage des dents
to *pull a wisdom tooth*	arracher une dent de sagesse
to *put on braces*	poser des bagues, mettre des bagues
to *brush one's teeth*	se brosser les dents
crown	la couronne
dental checkup	le bilan dentaire
dental floss	le fil dentaire
filling	le plombage
gums	les gencives [une gencive]
molar	la molaire
plaque	la plaque dentaire
to *rinse the mouth*	se rincer la bouche
to *swallow*	avaler
tongue	la langue
toothache	le mal de dents

Accidents

Les accidents

The accident victims are <u>in the hospital</u>.	Les blessés sont <u>à l'hôpital</u>.
in *an ambulance*	en ambulance
in *the emergency room*	aux urgences [fem. pl.]
in *intensive care*	en réanimation
bleeding	le saignement, l'hémorragie [fem.]
casualty	la victime, l'accidenté/l'accidentée
first aid	les premiers secours
paramedic	l'auxiliaire médical / l'auxiliaire médicale

In the operating room

Dans la salle d'opérations

He's going to have heart surgery.	Il va subir une chirurgie cardiaque.
The surgeon removes the patient's gallbladder.	Le chirurgien enlève la vésicule biliaire.
an operation	une opération, une intervention
surgeon	le chirurgien
surgery	la chirurgie

To lead a healthy life

To lead a healthy life, you have to eat well.

  to control your weight
  to drink a lot of water
  to enjoy life
  to exercise, to work out
  to follow a balanced diet
  to get enough sleep
  to have a positive attitude
  to live with purpose
  to reduce stress
  to stop smoking
  to take vitamins

Pour mener une vie saine

Pour mener une vie saine, il faut <u>bien manger</u>.

  maintenir son poids, gérer son poids
  boire beaucoup d'eau
  aimer la vie
  faire de l'exercice
  avoir un régime équilibré
  dormir assez, dormir suffisamment
  avoir une attitude positive
  avoir un but dans la vie
  se détendre, déstresser
  arrêter de fumer
  prendre des vitamines

Pour parler un français authentique

alternative medicine	la médecine parallèle
preventive medicine	la médecine préventive
remedy, medicine	un remède
the five senses	les cinq sens
sight	la vue
hearing	l'ouïe [fem.]
taste	le goût
smell	l'odorat [masc.]
touch	le toucher
to look someone over from head to toe	regarder quelqu'un de la tête aux pieds
to prevent	prévenir
to treat	traiter
He died of natural causes.	Il est mort de mort naturelle.
His leg is in a cast and he walks with crutches.	Il a la jambe dans un plâtre et marche avec des béquilles.
Her nose is bleeding.	Elle saigne du nez.
I have a sprained ankle.	J'ai une entorse à la cheville.
Alcohol has damaged his liver.	L'alcool a abîmé son foie.
She has her period.	Elle a ses règles.
I'm taking aspirin for the pain.	Je prends des aspirines pour la douleur.
This child is dehydrated.	Cet enfant est déshydraté.
Get well soon!	Bonne guérison!

He's a real daredevil.	C'est un vrai casse-cou, lui.
It's in his blood.	Il a ça dans le sang.
A little bird told me.	Mon petit doigt me l'a dit.
It costs an arm and a leg.	Ça coûte les yeux de la tête. (literally, *the eyes from your head*)

Proverbes, expressions et citations

An ounce of prevention is worth a pound of cure.	Mieux vaut prévenir que guérir.
Health is better than wealth.	Qui est en bonne santé est riche sans le savoir.
Sleep is the most important part of good health.	Le sommeil est la moitié de la santé.
Blood is thicker than water.	La voix du sang est la plus forte.
Save a thief from the gallows and he will cut your throat.	Sauve le voleur de la potence, et il te coupera la gorge.

«Ne pas venger les délits, c'est prêter la main au crime.»
PUBLIUS SYRUS

«Qui épargne les méchants cause du tort aux bons.»
PROVERBE LATIN

«Il faut gouverner la fortune comme la santé: en jouir quand elle est bonne, prendre patience quand elle est mauvaise, et ne faire jamais de grands remèdes sans un extrême besoin.»
FRANÇOIS DE LA ROCHEFOUCAULD

«Les hommes sentent mieux le besoin de guérir leurs maladies que leurs erreurs.»
LOUIS-PHILIPPE DE SÉGUR

«La paresse a cette vertu d'empêcher bien des crimes.»
ROBERT SABATIER

«Je n'ai jamais eu la chance de manquer un train auquel il soit arrivé un accident.»
JULES RENARD

«Les vrais trésors de la vie: paix, amour et bonne santé.»
JEAN FRANÇOIS COLLIN D'HARLEVILLE

Exercice 46

Complete each phrase so that it expresses the meaning of the English phrase.

1. *a wisdom tooth*   une dent _____

2. *first aid*   les premiers _____

3. *He has a cold.*   Il est _____.

4. *a mosquito bite*   _____ de moustique

5. *a backache*   un mal _____

6. *a sprained wrist*   une entorse _____

7. *a balanced diet*   un régime _____

8. *cough drops*   des pastilles _____

9. *to live with purpose*   avoir _____ dans la vie

10. *with his leg in a cast*   avec sa jambe _____

11. *Her nose is bleeding.*   Elle saigne _____.

12. *Health is better than wealth.*   Qui _____ est riche sans le savoir.

13. *Blood is thicker than water.*   _____ est la plus forte.

14. *My eyes hurt.*   _____ aux yeux.

15. *I feel awful.*   _____ affreusement mal.

Exercice 47

Select the verb from the following list that correctly completes each phrase.

tâter	manquer	avoir	regarder	souffrir
plomber	subir	prendre	rincer	marcher
ausculter	fouler	faire	saigner	

1. _____ mal à la tête

2. se _____ la cheville

3. _____ une piqûre

4. _____ la poitrine

5. _____ du nez

6. _____ le pouls

7. _____ la température

8. _____ d'énergie

9. _____ quelqu'un de la tête aux pieds

10. _____ d'une maladie contagieuse

11. _____ la dent

12. se _____ la bouche

13. _____ avec des béquilles

14. _____ une chirurgie cardiaque

Exercice 48

Select the word or phrase from the following list that correctly completes each phrase.

au ventre   les yeux de la tête   son poids
dans la vie   un os   les dents
dans un plâtre   que guérir   à la cheville
de mort naturelle   pour la douleur   gercées

1. Il a les lèvres _____.

2. Mieux vaut prévenir _____.

3. Je me suis fracturé _____.

4. J'ai mal _____.

5. Il est mort _____.

6. des aspirines _____

7. Il a la jambe _____.

8. Ça coûte _____.

9. se brosser _____

10. gérer _____

11. J'ai une entorse _____.

12. avoir un but _____

Exercice 49

Respond in French as specified for each of the following situations.

1. You go to the doctor because you're not feeling well. Detail your symptoms, what hurts you, what kind of doctor you're seeing, and what he or she prescribes.

_____

_____

_____

_____

_____

_____

_____

_____

2. You are a family doctor or internist. Describe some of the things you do for your patients.

_____

_____

_____

_____

_____

_____

_____

_____

3. You are filling out a medical history for your doctor. List the diseases that you and your family members have or had.

_____

_____

_____

_____

_____

_____

_____

_____

_____

Exercice 50

Unscramble the letters in each item to create a word that appears in the chapter.

1. ghirnueric   _____

2. lsuaeutrc   _____

3. emueéttprra   _____

4. ncdoaonern   _____

5. trniipeca   _____

6. énglsaieétr   _____

7. narntmaiéio   _____

8. adtcéinec   _____

9. misnteagen   _____

10. tetnyaeog   _____

Exercice 51

Translate the following sentences into French.

1. *I have an appointment with the family doctor.*

   _____

2. *I'm taking aspirin for the pain.*

   _____

3. *The patient is suffering from an infectious disease and is dying.*

   _____

   _____

4. *The doctor gave me some medicine for my cold.*

5. *He has a rash on his face.*

   _____

6. *I don't feel well. I have no energy and I'm losing weight.*

   _____

   _____

7. *The nurse practitioner should take your (vous) pulse.*

   _____

8. *He broke his elbow and has his arm in a cast.*

   _____

9. *The dentist has to pull a wisdom tooth.*

   _____

10. *The accident victims are in critical condition and are in intensive care.*

    _____

La famille et les rapports humains; pour décrire les gens

Family and relationships; describing people

This chapter presents French terms for members of the family, as well as vocabulary that will enable you to talk about age, civil status, and physical and personality traits. You will learn how to describe your relationships and talk about important stages of life.

Possessive adjectives in French agree in gender and number with the noun they modify. **Mon** means *my* before a masculine singular noun, **ma** means *my* before a feminine singular noun, and **mes** means *my* before a plural noun. Note that **ma** changes to **mon** if the following noun begins with a vowel.

Family	**La famille**
Do you know <u>my father</u>?	Vous connaissez <u>mon père</u>?
my mother	ma mère
my parents	mes parents
my brother	mon frère
my sister	ma sœur
my older brother	mon frère aîné
my older sister	ma sœur aînée
my younger brother	mon frère cadet
my younger sister	ma sœur cadette
my children	mes enfants
my grandfather	mon grand-père
my grandmother	ma grand-mère
my grandparents	mes grands-parents
my great-grandfather	mon arrière-grand-père
my great-grandmother	mon arrière-grand-mère
my great-grandparents	mes arrière-grands-parents
my great-great-grandfather	mon arrière-arrière-grand-père
my great-great grandmother	mon arrière-arrière-grand-mère

>>>

my son	mon fils
my daughter	ma fille
my grandson	mon petit-fils
my granddaughter	ma petite-fille
my grandchildren	mes petits-enfants
my great-grandson	mon arrière-petit-fils
my great-granddaughter	mon arrière-petite-fille
my great-great-grandson	mon arrière-arrière-petit-fils
my great-great-granddaughter	mon arrière-arrière-petite-fille
my half brother	mon demi-frère
my half sister	ma demi-sœur
my kid brother	mon petit frère
my kid sister	ma petite sœur
my stepson	mon beau-fils
my stepdaughter	ma belle-fille
my firstborn (oldest child)	mon premier né
my firstborn (daughter)	ma première née
my last born (youngest child)	mon dernier né
my last born (daughter)	ma dernière née
my adopted son	mon fils adoptif
my adopted daughter	ma fille adoptive
my husband	mon mari
my wife	ma femme

Ton follows the same pattern as **mon**. **Ton** means *your* before a masculine singular noun, **ta** means *your* before a feminine singular noun, and **tes** means *your* before a plural noun. Note that **ta** changes to **ton** if the following noun begins with a vowel.

Relatives — Les parents

I'd like to meet your uncle.	Je voudrais faire la connaissance de <u>ton oncle</u>.
your aunt	ta tante
your great-uncle	ton grand-oncle
your great-aunt	ta grand-tante
your uncle by marriage	ton oncle par alliance
your aunt by marriage	ta tante par alliance
your nephew	ton neveu
your niece	ta nièce
your great-nephew	ton petit-neveu

>>>

your great-niece	ta petite-nièce
your (male) cousin	ton cousin
your (female) cousin	ta cousine
your first cousin (male)	ton cousin germain
your first cousin (female)	ta cousine germaine
your cousins	tes cousins
your brother-in-law	ton beau-frère
your sister-in-law	ta belle-sœur
your father-in-law	ton beau-père
your mother-in-law	ta belle-mère
your son-in-law	ton beau-fils, ton gendre
your daughter-in-law	ta belle-fille, ta bru
your twin brothers	tes frères jumeaux
your twin sisters	tes sœurs jumelles

The family for dinner / La famille à table

We're going to invite <u>our in-laws</u>.	Nous allons inviter <u>la belle famille</u>.
the close relatives	les parents proches [un parent]
the distant relatives	les parents éloignés
all the relatives	toute la parenté

The possessive adjective **son** means *his, her, its* and follows the same pattern as **mon** and **ton**. **Son** means *his, her, its* before a masculine singular noun, **sa** means *his, her, its* before a feminine singular noun, and **ses** means *his, her, its* before a plural noun. Note that **sa** changes to **son** if the following noun begins with a vowel.

She introduced me to <u>her godfather</u>.	Elle m'a présenté à <u>son parrain</u>.
her godmother	sa marraine
her godparents	son parrain et sa marraine
her godson	son filleul
her goddaughter	sa filleule
her godchildren	ses filleuls

What is his/her civil status? / Quel est son état civil?

He's single. She's single.	Il est célibataire. Elle est célibataire.
He's married. She's married.	Il est marié. Elle est mariée.
He's a widower. She's a widow.	Il est veuf. Elle est veuve.

He's divorced. She's divorced.	Il est divorcé. Elle est divorcée.
He's separated. She's separated.	Il est séparé. Elle est séparée.
He's remarried. She's remarried.	Il est remarié. Elle est remariée.
He's a confirmed bachelor.	C'est un vieux garçon.
She's an unmarried woman.	C'est une vieille fille.
He's a matchmaker.	C'est un marieur.
She's a matchmaker.	C'est une marieuse.

The question **Il a quel âge, ton ami?** *How old is your friend?* uses word order typical of spoken French. In formal written French, the questions would be phrased as **Quel âge ton ami a-t-il? Quel âge ton amie a-t-elle?** *How old is your friend?*

How old is he?

Quel âge a-t-il?

How old is your friend?	Il a quel âge, ton ami?
your boyfriend	ton petit ami
the little boy	le petit garçon
your fiancé	ton fiancé
that man	cet homme
that gentleman, that man	ce monsieur
that young man	ce jeune homme
How old is your (female) friend?	Elle a quel âge, ton amie?
your girlfriend	ta petite amie
the little girl	la petite fille
your fiancée	ta fiancée
that woman	cette femme
that lady, that woman	cette dame
that young woman	cette jeune femme

French uses the verb **avoir** in expressions of age: **Quel âge avez-vous? J'ai vingt-huit ans.** *How old are you? I'm twenty-eight years old.*

How old are they?

Ils ont quel âge?

The baby is six months old.	Le bébé a six mois.
Miss Lagrange is twenty-three years old.	Mademoiselle Lagrange a vingt-trois ans.
Mr. Audibert is fifty-seven years old.	Monsieur Audibert a cinquante-sept ans.
Mrs. Touraine is thirty-nine years old.	Madame Touraine a trente-neuf ans.

Paul was orphaned at the age of eight.	Paul est devenu orphelin à l'âge de huit ans.
Paulette was orphaned at the age of eight.	Paulette est devenue orpheline à l'âge de huit ans.

When a masculine plural adjective ends in **-s**, drop the **s** to find the masculine singular form. Adjectives in **-eux** have the same form in the masculine singular and masculine plural. For the feminine singular of these adjectives, change **-eux** to **-euse**. The masculine singular form of adjectives that do not follow these patterns is indicated in square brackets. (**Les rapports** *relations, relationship* is a masculine plural noun in French.)

Human relations

Les rapports humains

Their relationship is <u>close</u>.	Les rapports entre eux sont <u>étroits</u>.
changing	changeants
cold	froids
complex	complexes
complicated	compliqués
confusing	confus
cordial	cordiaux [cordial]
deplorable	exécrables
difficult	difficiles
distant	distants
full of clashes	conflictuels
harmonious	harmonieux
hostile	hostiles
intimate	intimes
loving	affectueux
mixed up, troubled	perturbés
nonexistent	inexistants
painful	douloureux
problematic	problématiques
professional	professionnels
respectful	respectueux
serious	sérieux
solid	solides
stormy	orageux, tempétueux
strange	étranges, bizarres
tense	tendus
vindictive, spiteful	rancuniers
violent	violents

The masculine singular form of an adjective is indicated in square brackets if it differs from the feminine form. (**La famille** *family* is a feminine noun in French.)

What's this family like?	Comment est cette famille?
They're a very <u>poor</u> family.	C'est une famille très <u>pauvre</u>.
close	unie [uni]
conservative	conservatrice [conservateur]
happy	heureuse [heureux]
hospitable	hospitalière [hospitalier]
large	nombreuse [nombreux]
likeable	attachante [attachant]
open-minded	ouverte d'esprit [ouvert]
religious	religieuse [religieux]
respected	respectée [respecté]
rich	riche
thoughtful	prévenante [prévenant]
traditional	traditionnelle [traditionnel]
warm	chaleureuse [chaleureux]
welcoming	accueillante [accueillant]

The word **personne** is always grammatically feminine even when it refers to a male. Any adjective that modifies it therefore appears in the feminine form. The masculine form of an adjective is indicated in square brackets if it differs from the feminine form.

Character and personality — Le caractère et la personnalité

What's he/she like?	Comment est-il/elle?
He's/She's a <u>nice</u> person.	C'est une personne <u>sympathique</u>.
boring	ennuyeuse [ennuyeux]
brave	courageuse [courageux]
calculating	calculatrice [calculateur]
calm	calme
calm, level-headed	posée [posé]
capable	capable
charming	charmante [charmant]
competent	compétente [compétent]
competitive	compétitive [compétitif]

>>>

conceited	vaniteuse [vaniteux]
cowardly	lâche
crazy	folle [fou]
creative	créative [créatif]
curious	curieuse [curieux]
dishonest	malhonnête
focused	centrée [centré]
generous	généreuse [généreux]
gullible	crédule
hardworking	travailleuse [travailleur]
helpful	obligeante [obligeant], serviable
hypocritical	hypocrite
insincere	pas sincère, peu sincère
kind	gentille [gentil]
lazy	paresseuse [paresseux]
loyal	loyale [loyal], fidèle
mean	méchante [méchant]
naive	naïve [naïf]
nervous	nerveuse [nerveux], inquiète [inquiet]
nice	sympa [*colloquial*]
patient	patiente [patient]
pessimistic	pessimiste
phony	hypocrite
pleasant	agréable
realistic	réaliste
refined	raffinée [raffiné]
reliable	fiable
reserved	réservée [réservé]
resourceful	débrouillarde [débrouillard]
responsible	responsable
scatterbrained	écervelée [écervelé]
self-assured	sûre de soi [sûr], pleine d'assurance [plein]
selfish	égoïste
sensible	raisonnable
sensitive	sensible
shameless	effrontée [effronté]
shy	timide
silly	stupide, bête

sincere	sincère
stingy	radine [radin]
sociable	sociable
stubborn	têtue [têtu]
stupid	bête

He's/She's an <u>honest</u> person.	C'est une personne <u>honnête</u>.
amusing	amusante [amusant]
annoying	agaçante [agaçant]
arrogant	arrogante [arrogant]
embittered	aigrie [aigri]
idealistic	idéaliste
insufferable	insupportable
intelligent	intelligente [intelligent]
interesting	intéressante [intéressant]
optimistic	optimiste
unpleasant	désagréable

What does he look like?

Comment est-il?

My brother is <u>young</u>.	Mon frère est <u>jeune</u>.
attractive	attrayant [fem.: attrayante], séduisant [fem.: séduisante]
awkward, clumsy	maladroit [fem.: maladroite]
cute	mignon [fem.: mignonne]
dark-haired	brun [fem.: brune]
fat	gros [fem.: grosse]
handicapped	handicapé [fem.: handicapée]
healthy	en bonne santé
hunchbacked	bossu [fem.: bossue]
husky, beefy, brawny	bien baraqué
old	vieux [fem.: vieille]
plump	dodu [fem.: dodue]
redheaded	roux [fem.: rousse]
scrawny	maigrichon [fem.: maigrichonne]
short	petit [fem.: petite]
sickly	maladif [fem.: maladive]
strong, powerful	fort [fem.: forte], puissant [fem.: puissante]
tall	grand [fem.: grande]
thin	mince

unattractive	peu attrayant [fem.: attrayante]
ugly	laid [fem.: laide], vilain [fem.: vilaine]; moche [*slang*]
weak	faible

He has a moustache.	Il est moustachu.

She has <u>brown</u> eyes.	Elle a les yeux <u>bruns</u>.
blue	bleus
gray	gris
green	verts
hazel	noisette [invariable form]

The adjective **beau** *beautiful, handsome* is irregular.

	Masculine	**Feminine**
Singular	beau	belle
Plural	beaux	belles

There is an additional form, **bel,** which is used before masculine nouns beginning with a vowel sound. This includes nouns beginning with mute h such as **homme: un bel homme.**

Beauty

La beauté

That young man is handsome.	Ce jeune homme est beau.
That young girl is beautiful.	Cette jeune fille est belle.
Those men are handsome.	Ces hommes sont beaux.
Those women are beautiful.	Ces femmes sont belles.
He's a handsome man.	C'est un bel homme.

The stages of life

Les grands moments de la vie

birth	la naissance
baptism	le baptême
first communion	la première communion
bar mitzvah	la bar mitzvah
bat mitzvah	la bat mitzvah
school	l'école [fem.], les études [fem. pl.]
military service	le service militaire
college	les études supérieures
graduation	la remise des diplômes
work	le travail

engagement	les fiançailles [fem. pl.]
marriage, wedding	le mariage
pregnancy	la grossesse
children	les enfants [un/une enfant]
divorce	le divorce
remarriage	le deuxième mariage
retirement	la retraite
old age	le troisième âge, la vieillesse
death	la mort

Pour parler un français authentique

a sister city	une ville jumelée
to be emotionally disturbed	avoir des problèmes affectifs
to fight like cats and dogs	se battre / se disputer comme des chiffonniers
He kicked the bucket.	Il a cassé sa pipe.
He leads a dog's life.	Il a une vie de chien.
He thinks he's someone special.	Il se croit sorti de la cuisse de Jupiter.
He was born with a silver spoon in his mouth.	Il est né coiffé.

Proverbes, expressions et citations

Dead men are no threat.	Morte la bête, mort le venin.
A dead enemy is no longer a danger.	Mort le chien, morte la rage.
The twins are as alike as two peas in a pod.	Les jumeaux se ressemblent comme deux gouttes d'eau.

On ne peut pas empêcher un cœur d'aimer.
  PROVERBE QUÉBECOIS

«La musique et l'amour sont les deux ailes de l'âme.»
  HECTOR BERLIOZ

«Un ami, c'est quelqu'un qui vous connaît bien et qui vous aime quand même.»
  HERVÉ LAUWICK

«Le sort fait les parents, le choix fait les amis.»
  JACQUES DELILLE

«Aimer, c'est préférer un autre à soi-même.»

    PAUL LÉOTAUD

«L'amour est l'unique révolution qui ne trahit pas l'homme.»

    JEAN-PAUL II

Exercice 52

Complete each sentence with the term for the appropriate family member.

1. La fille de ma tante est _____.

2. Le père de ma grand-mère est _____.

3. Le fils de ma femme d'un premier mariage est _____.

4. La femme de mon fils est _____.

5. Le frère de ma mère est _____.

6. Le mari de ma sœur est _____.

7. La mère de mon mari est _____.

8. La femme qui s'est mariée avec le frère de ma mère est _____.

9. Mon frère que est plus âgé que moi est mon frère _____.

10. Ma sœur qui est plus jeune que moi est ma sœur _____.

Exercice 53

Indicate whether the two words in each pair are synonyms or antonyms.

	Synonyms	Antonyms
1. proche ~ éloignée	☐	☐
2. blond ~ brun	☐	☐
3. sympa ~ aigri	☐	☐
4. moche ~ laid	☐	☐
5. le vie ~ la mort	☐	☐
6. gros ~ mince	☐	☐
7. lâche ~ courageux	☐	☐
8. puissant ~ fort	☐	☐
9. marié ~ célibataire	☐	☐
10. stupide ~ bête	☐	☐

Exercice 54

For each family member listed, give the corresponding family member of the opposite gender. Be sure to change the article or possessive where necessary.

1. mon oncle _____

2. mon cousin _____

3. ma femme _____

4. mon fils adoptif _____

5. la veuve _____

6. mon arrière-grand-père _____

7. une vieille fille _____

8. ma marraine _____

9. mon genre _____

10. mon demi-frère _____

Exercice 55

Unscramble the letters in each item to create a word that appears in the chapter.

1. xceespuerut _____

2. mqéciolup _____

3. euxmuaj _____

4. olrmdtaai _____

5. tyrtantaa _____

6. ilrsenonbaa _____

7. vpaoiedt _____

8. lhrnoepi _____

9. eugcruaxo _____

10. rilaitcabeé _____

Exercice 56

Describe three members of your family. Tell who they are, their age, what they look like, and their character and personality traits.

_____

_____

_____

_____

_____

_____

_____

_____

_____

_____

_____

_____

Exercice 57

Describe what you look like and list your character and personality traits.

_____

_____

_____

_____

_____

_____

_____

_____

_____

Exercice 58

Translate the following sentences into French.

1. *The brothers are as alike as two peas in a pod.*

   _____

2. *Her fiancé is hardworking and intelligent.*

   _____

3. *We're going to invite all our relatives to the wedding.*

   _____

   _____

4. *She introduced me to her godchildren.*

   _____

5. *I would like to meet your parents.*

   _____

6. *He was born with a silver spoon in his mouth.*

   _____

7. *Her cousins are mean and insufferable.*

   _____

8. *She thinks she's someone special.*

   _____

9. *They're a very hospitable family.*

   _____

10. *He's a handsome man, but he's very conceited.*

   _____

   _____

10

Les divertissements: la musique, le théâtre, le cinéma et les arts visuels

Entertainment: music, theater, film, and the visual arts

This chapter presents vocabulary that will enable you to describe a concert, a play, a film, and a visit to the art museum. You will learn how to express time in French so that you can tell at what time the concert starts. You will also be able to talk about your experiences playing an instrument, making a film, and painting a picture.

Music for all tastes	**De la musique pour tous les goûts**
I love classical music.	J'adore la musique classique.
ballet music	la musique de ballet
chamber music	la musique de chambre
disco music	le disco
electronic music	la musique électronique
folk music	la musique folklorique
Latin music	la musique latine / latino-américaine
musical theater	les comédies musicales [une comédie]
opera	l'opéra [masc.]
rock	le rock
sacred music	la musique sacrée
techno music	la musique techno
vocal music	la musique vocale
world music	la world musique, la musique du monde

The verb **jouer** *to play* is followed by the preposition **de** + definite article before the names of musical instruments. **De** contracts with the definite article **le** to form **du** and with the plural definite article **les** to form **des**. It does not contract with **la** or **l'**.

Musical instruments	**Les instruments musicaux**
Do you know how to play the piano?	Est-ce que tu sais jouer du piano?
the bassoon	du basson
the cello	du violoncelle
the clarinet	de la clarinette
the drum	du tambour
the English horn	du cor anglais
the flute	de la flûte
the French horn	du cor
the guitar	de la guitare
the harmonica	de l'harmonica [masc.]
the harp	de la harpe
the harpsichord	du clavecin
the oboe	du hautbois
the organ	de l'orgue [masc.]
percussion	des percussions [fem. pl.]
the piccolo	du piccolo
the recorder	de la flûte à bec
the saxophone	du saxophone
the trombone	du trombone
the trumpet	de la trompette
the tuba	du tuba
the viola	de l'alto [masc.]
the violin	du violon

Artists and performers	**Les artistes**
band	la bande
choir, chorus	le chœur
circus performer	l'artiste de cirque [un/une artiste]
conductor	le/la chef d'orchestre
dancer	le danseur / la danseuse
ensemble, music group	l'ensemble [masc.], le groupe
instrumentalist	l'instrumentiste [masc./fem.]
musician	le musicien / la musicienne

performer	l'interprète [masc./fem.]
pop music singer	le chanteur / la chanteuse de variété
singer	le chanteur / la chanteuse
star	la vedette [masc./fem.]
street musician	le musicien des rues / la musicienne des rues
street performer	l'artiste de rue

She likes to dance.	Elle aime danser.
to conduct	diriger
to sing	chanter

The symphony orchestra / L'orchestre symphonique

There are four sections in the orchestra.	Il y a quatre sections dans un orchestre.

woodwinds	les bois [masc. pl.]
brass	les cuivres [masc. pl.]
strings	les cordes [fem. pl.]
percussion	les percussions [fem. pl.]

The idea of a performance is expressed using several different words in French: **le concert** *musical performance*, **l'interprétation** *artist's rendition*, **la représentation** *play* or *stage show*, **l'interprétation, le rôle** *acting in theater or film*, **la séance** *the show (movies)*. **L'art performance** or **la performance** is *performance art*.

The concert hall / La salle de concert(s)

Beethoven was a great composer.	Beethoven était un grand compositeur.
The audience applauded a lot.	Le public a beaucoup applaudi.
The dancers received a round of applause.	Les danseurs ont obtenu une salve d'applaudissements.
The audience is waiting for an encore.	Le public attend un bis.
We loved his performance of the sonata.	Nous avons beaucoup aimé son interprétation de la sonate.
We attended the world premiere of the symphony.	Nous avons assisté à la première mondiale de la symphonie.
The song has a beautiful melody and lyrics.	La chanson a une belle mélodie et de belles paroles.

acoustics	l'acoustique [fem.]
baton	la baguette
microphone	le microphone, le micro
recording/sound engineer	l'ingénieur du son [un/une ingénieur]

rehearsal	la répétition
dress rehearsal	la répétition générale
score	la partition
stand	le pupitre

In French, you ask the time by saying **Quelle heure est-il?** or, more colloquially, **Il est quelle heure?** To ask about the time at which something happens, use **À quelle heure...?**

Telling time and expressions of time

L'heure et les expressions du temps

What time is it?	Quelle heure est-il?
It's one o'clock.	Il est une heure.
It's two o'clock.	Il est deux heures.
It's 4:15.	Il est quatre heures et quart. / Il est quatre heures quinze.
It's 7:30.	Il est sept heures et demie. / Il est sept heures trente.
It's ten to nine.	Il est neuf heures moins dix. / Il est huit heures cinquante.
It's 10:45.	Il est onze heures moins le quart. / Il est dix heures quarante-cinq.
It's noon.	Il est midi.
It's 12:10 PM.	Il est midi dix.
It's midnight.	Il est minuit.
It's 12:10 AM.	Il est minuit dix.

To express the time at which something occurs, French uses the preposition **à**. The equivalents of English AM and PM are the French phrases **du matin, de l'après-midi, du soir,** and **de la nuit** added to the expression of time.

At what time is the concert?

À quelle heure est le concert?

The concert is at 3:00 PM.	Le concert est à trois heures de l'après-midi.
at 8:00 PM	à huit heures du soir
at 11:00 AM	à onze heures du matin
We'll get to the theater about 7:00.	Nous arriverons au théâtre vers sept heures.
at exactly six o'clock	à six heures pile
early	en avance

>>>

on time	à l'heure
late	en retard

In French-speaking countries, a 24-hour clock is used for official purposes such as train and plane schedules and show times. In the 24-hour clock, the minutes past the hour are counted from 1 to 59. Forms such as **et quart**, **et demie**, and **moins le quart** are not used.

Talking about time — Pour parler du temps

I'm going to take a flute lesson today. — Je vais prendre une leçon de flûte aujourd'hui.

tomorrow	demain
tomorrow morning	demain matin
tomorrow afternoon	demain après-midi
tomorrow evening	demain soir
the day after tomorrow	après-demain
on Wednesday	mercredi
this week	cette semaine
during the week	pendant la semaine
next week	la semaine prochaine
in two weeks	dans deux semaines
by the end of the month	avant la fin du mois
next month	le mois prochain
in two months	dans deux mois
around the beginning of the month	vers le début du mois
around the middle of the month	vers le milieu du mois
around the end of the month	vers la fin du mois
within the time limit	dans le délai fixé

to ask for a two-day extension — demander un délai de deux jours

At the theater — Au théâtre

We're going to see a show tonight. — Nous allons voir un spectacle ce soir.

a comedy	une comédie
a drama	une œuvre dramatique
a musical	une comédie musicale
a musical revue	une revue à grand spectacle
a play	une pièce de théâtre
a tragedy	une tragédie

The theater

The theater	Le théâtre
There's the stage.	Voilà la scène.
the audience	le public
the balcony	le balcon
the box office	la billetterie
the curtain	le rideau
the scenery, the set	le décor
There are the curtains.	Voilà les rideaux.
the costumes	les costumes de théâtre [un costume]
the rows	les rangs [un rang], les rangées [une rangée]
the seats	les places [une place]

The play — La pièce de théâtre

The play	La pièce de théâtre
act	l'acte [masc.]
to act	jouer
an actor	un acteur
an actress	une actrice
an audition	une audition
cast	la distribution
character	le personnage
dialogue	le dialogue
intermission	l'entracte [masc.]
monologue	le monologue
to play the part/role	jouer le rôle
playwright	le dramaturge
plot	l'intrigue [fem.]
protagonist	le/la protagoniste
scene	la scène
script	le script
script (film)	le scénario
smash hit	le grand succès
to come on stage	monter sur scène
to go on stage	monter sur les planches
to stage	mettre en scène
to go on tour, to go on the road	partir en tournée
understudy	la doublure
villain	le méchant

Everyone on stage!	Tout le monde sur scène!
The box office opens at 10:00 AM.	La billetterie ouvre à dix heures du matin.
There are some tickets available.	Il y a des billets disponibles.
The tickets are sold out.	Les billets sont épuisés.
The play ran for two years.	La pièce a tenu l'affiche pendant deux ans.
The audience booed the actors.	Le public a sifflé les acteurs.

Film   Le ciné

action film	le film d'action
adventure film	le film d'aventure(s)
art film	le film d'auteur
blockbuster	le film à grand succès
cartoon	le dessin animé
censorship	la censure
cinematography	la technique cinématographique
documentary	le documentaire
to dub	doubler
ending	la fin
film	le film
film noir	le film noir
filmmaker	le/la cinéaste, le réalisateur / la réalisatrice
foreign film	le film étranger
historical film	le film historique
horror film	le film d'épouvante
to make/shoot a film	tourner un film
movie buff	le cinéphile
movie fan	le passionné de cinéma / la passionnée de cinéma, le fan de ciné
movie star	le/la star du cinéma
mystery	le film policier
photography	la photographie
to play/show (a film)	jouer
premiere	la première
to premiere	donner la première
producer	le producteur / la productrice
review	la critique
science fiction film	le film de science-fiction
screen	l'écran [masc.]
short	le court-métrage

silent film	le film muet
television film	le film de télévision
thriller	le thriller
a twist in the plot	un coup de théâtre
war film	le film de guerre
western	le western
to win an Oscar	gagner un Oscar, recevoir un Oscar, remporter un Oscar

What film is showing this week?	Quel film est-ce qu'on passe cette semaine?
Where is that film playing?	Où est-ce qu'on passe ce film?
The film was well received.	Le film a été très bien reçu.
You can find the movie listings and show times in the entertainment guide.	Vous trouverez les programmes des cinémas et les horaires des séances dans le guide des spectacles.
Casablanca won the Oscar for Best Film in 1944.	Casablanca a remporté l'Oscar du meilleur film en dix-neuf cent quarante-quatre.
The 30s and 40s: "The Golden Age of Hollywood"	Les années trente et quarante: «L'âge d'or de Hollywood»

Radio and television

La radio et la télévision

announcer (radio, TV)	le présentateur / la présentatrice, la speakerine
channel (TV)	la chaîne
commercials	la publicité
educational channel	la chaîne éducative
music program	l'émission musicale [une émission]
news (radio, TV)	les informations [fem. pl.]
news (TV)	le journal télévisé
quiz show	l'émission-jeu, le jeu télévisé
radio (broadcasting)	la radio
radio (set)	le poste de radio
radio program	l'émission
reality show	l'émission de téléréalité
recorded program	l'émission différée
serial	le feuilleton
station (radio)	la station
talk show	l'émission débat, le talk show
television show	l'émission
TV	la télé
TV set	le poste de télé

At the art museum	Au musée d'art
art gallery	la galerie d'art, la pinacothèque
curator	le conservateur / la conservatrice
drawing	le dessin
engraving	la gravure
exhibition, exhibit	l'exposition [fem.]
landscape	le paysage
museum piece	la pièce de musée
oil painting	la peinture à l'huile
painting (on a wall)	le tableau
portrait	le portrait
poster	l'affiche [fem.], le poster
print	la gravure
room (in a museum)	la salle
sculpture	la sculpture
self-portrait	l'autoportrait [masc.]
sketch	le croquis
still life	la nature morte

The arts	Les arts
architecture	l'architecture [fem.]
arts and crafts	les arts et métiers [un art, un métier]
ceramics	la céramique
fine arts	les beaux arts
graphic arts	les arts graphiques
pottery	la poterie

The painter's studio	L'atelier du peintre
There is a canvas.	Il y a une toile.
an easel	un chevalet
a model	un modèle
a palette	une palette
a palette knife	une spatule
There are paints.	Il y a de la peinture.
brushes	des pinceaux [un pinceau]
frames	des cadres [un cadre]
oil paints	de la peinture à l'huile
watercolors	de l'aquarelle [fem.]

He loves *to paint*.	Il aime peindre.
to draw	dessiner
to sculpt	sculpter
to sketch	faire des croquis, faire des esquisses

Artists and art experts / Les artistes et les experts en art

He's *a craftsman*.	C'est un artisan.
an antique dealer	un antiquaire
an art connoisseur/expert	un connaisseur d'art, un expert en art
an art dealer	un marchand d'art
a landscape painter	un peintre paysagiste
a photographer	un photographe
a portrait painter, a portraitist	un portraitiste
a sculptor	un sculpteur

Describing artists and their works / Pour décrire les artistes et leurs œuvres

abstract	abstrait/abstraite
accessible	accessible, abordable
aesthetic	esthétique
artistic	artistique
avant-garde	d'avant-garde
creative	créatif/créative
evocative	évocateur/évocatrice
imaginative	imaginatif/imaginative
innovative	innovateur/innovatrice
inspiring	passionnant/passionnante
minimalist	minimaliste
naturalist	naturaliste
picturesque	pittoresque
prolific	prolifique
realist	réaliste
romantic	romantique
sensitive	sensible
stylized	stylisé/stylisée
surrealist	surréaliste
talented	doué/douée, de talent

Pour parler un français authentique

The child prodigy plays by ear.	L'enfant prodige joue d'oreille.
The piano is a keyboard instrument.	Le piano est un instrument à clavier.
At a job interview, it's the interviewer who runs the show, not the candidate.	Dans une interview d'embauche, c'est l'interviewer qui mène la danse, pas le candidat.
The Louvre has a great collection of French painting.	Le Louvre a une grande collection de peinture française.
The Fiddler is a surrealist painting by Marc Chagall.	«Le violoniste» est une peinture surréaliste de Marc Chagall.

Proverbes, expressions y citations

It's always the same old thing.	C'est toujours la même chanson.

«La musique est une architecture de sons et l'architecture est une musique de pierres.»
  LUDWIG VON BEETHOVEN

«Quand j'étais enfant, ma mère me disait: ‹si tu deviens soldat, tu seras général. Si tu deviens moine, tu finiras pape.› J'ai voulu être peintre, et je suis devenu Picasso.»
  PABLO PICASSO

«Le premier mérite d'un tableau est d'être une fête pour l'œil.»
  EUGÈNE DELACROIX

«La musique est faite pour l'inexprimable.»
  CLAUDE DEBUSSY

Exercice 59

Complete each phrase so that it expresses the meaning of the English phrase.

1. *a masterpiece*   un chef _____

2. *at exactly eight o'clock*   à huit heures _____

3. *conductor*   le _____ d'orchestre

4. *street musician*   le musicien _____

5. *a round of applause*   une _____ d'applaudissements

6. *They are waiting for an encore.*   Ils attendent _____.

7. *the world premiere*   la première _____

8. *blockbuster*   le film _____

9. *toward the middle of the month*   vers _____ du mois

10. *a musical revue*   une revue _____

11. *to play the violin* _____ violon

12. *during the week*   _____ la semaine

13. *tomorrow morning* demain _____

14. *dress rehearsal*   la répétition _____

15. *an oil painting*   une peinture _____

16. *to sketch*   faire _____

17. *art gallery*   _____ d'art

18. *still life*   la nature _____

19. *a flute lesson*   _____ de flûte

20. *available tickets* des billets _____

Exercice 60

Select the verb from the following list that correctly completes each sentence.

ouvrir partir
jouer   voir
passer applaudir
monter diriger
doubler remporter

1. Il préfère _____ l'orchestre avec une baguette.

2. Le chanteur va _____ en tournée.

3. Ils doivent _____ le film français en anglais.

4. Quel rôle est-ce qu'elle va _____ ?

5. Ce film va _____ l'Oscar.

6. Le protagoniste vient de _____ sur scène.

7. La billetterie va _____ à onze heures.

8. Quel film est-ce qu'on va _____ dans ce cinéma?

9. On va _____ une pièce de théâtre demain soir.

10. Le public va _____ ce groupe de rock.

Exercice 61

Unscramble the letters in each item to create a word from the world of the arts.

1. teteilbreli _____
2. taagssyepi _____
3. nrisnuettm _____
4. ntpuerei _____
5. bisodlienp _____
6. lerofoiulqk _____

7. tropnitai _____
8. sgpoenaern _____
9. grmtaaudre _____
10. soaptognteri _____
11. lurdebuo _____
12. idotiurbtins _____

Exercice 62

Give the noun phrase (definite article + noun) found in this chapter that is the French cognate
(**le mot apparenté**) for each of the following English words.

1. *orchestra* _____
2. *gallery* _____
3. *ceramics* _____
4. *prodigy* _____
5. *balcony* _____
6. *tragedy* _____
7. *melody* _____
8. *protagonist* _____
9. *concert* _____
10. *guitar* _____
11. *theater* _____
12. *dialogue* _____
13. *palette* _____
14. *photographer* _____

Exercice 63

Use the vocabulary in this chapter to discuss the following topics.

1. **La musique.** Tell about your musical interests: what kind of music you like and your favorite instrumental and vocal performers. Talk about the musical instrument you play and your experience playing in an orchestra or band.

   _____

   _____

   _____

   _____

   _____

2. **Le théâtre.** Describe a play you attended, the actors who performed, and what roles they played. What did you like or not like about the play?

   _____

   _____

   _____

   _____

   _____

3. **Le cinéma.** Tell about a film you saw and why you liked or didn't like it. What are your favorite films? Who are your favorite actors and directors?

   _____

   _____

   _____

   _____

   _____

4. **L'art.** Describe the paintings and sculpture you see as you walk around the art museum. Who are your favorite artists? Describe some of their works. If you paint or do other types of art, talk about your work.

   _____

   _____

   _____

   _____

   _____

Exercice 64

Give the noun phrase (definite article + noun) found in this chapter that is derived from each of the following verbs.

1. sculpter _____
2. danser _____
3. modeler _____
4. doubler _____
5. distribuer _____
6. interpréter _____
7. finir _____
8. filmer _____
9. produire _____
10. chanter _____
11. peindre _____
12. dessiner _____

Exercice 65

Translate the following sentences into French.

1. *I know how to play the clarinet.*

_____

2. *I am going to take a clarinet lesson.*

_____

3. *He's a landscape painter.*

_____

4. *We are going to get tickets for the concert.*

_____

5. *At what time is the opera?*

_____

6. *This art dealer has many abstract paintings.*

_____

7. This musician plays by ear.

_____

8. The violin is a string instrument.

_____

9. The actors received a round of applause.

_____

10. I am going to see a play toward the middle of the month.

_____

_____

11. I think this French film is going to win the Oscar.

_____

12. My sister likes to sing and dance.

_____

Les professions, les pays, les nationalités et les langues

Professions, countries, nationalities, and languages

In this chapter, you will learn the French terms for the professions and vocabulary related to the workplace. You will learn the French names of countries, nationalities, and languages, and you'll be able to talk about your nationality and background, as well as ask others where they are from.

As the role of women evolves in society, French has created new terms for female members of professions, for example, **une astronaute, la conseillère financière, la chirurgienne.**

What's your profession? — Quelle est votre profession?

What's your profession?	Quelle est votre profession?
accountant	le/la comptable
actor	l'acteur [masc.]
actress	l'actrice [fem.]
analyst	l'analyste [masc./fem.]
anthropologist	l'anthropologue [masc./fem.]
archaeologist	l'archéologue [masc./fem.]
architect	l'architecte [masc./fem.]
artist	l'artiste [masc./fem.]
astronaut	l'astronaute [masc./fem.]
babysitter	le/la baby-sitter, le gardien / la gardienne [CANADA]
baker	le boulanger / la boulangère
bank clerk	l'employé de banque / l'employée de banque
barber	le coiffeur / la coiffeuse
bookseller	le/la libraire
business manager	le directeur / la directrice
businessman	l'homme d'affaires
businesswoman	la femme d'affaires
butcher	le boucher / la bouchère
carpenter	le charpentier / la charpentière

chef	le/la chef
chemist	le/la chimiste
composer	le compositeur / la compositrice
computer engineer	l'ingénieur informatique
conductor	le/la chef d'orchestre
consultant	le consultant / la consultante
contractor	l'entrepreneur [masc.]
craftsman	l'artisan/l'artisane
dean (university)	le doyen / la doyenne
dentist	le/la dentiste
designer (fashion)	le/la modéliste
dietician	le diététicien / la diététicienne
doctor	le médecin [also fem.: le médecin], le docteur [also fem.: le docteur]
domestic worker	le/la domestique
driver	le chauffeur, le conducteur / la conductrice
economist	l'économiste [masc./fem.]
electrician	l'électricien/l'électricienne
engineer	l'ingénieur [masc./fem.]
farmer	le fermier / la fermière
fashion designer, couturier	le créateur / la créatrice de mode, le couturier / la couturière
financial advisor	le conseiller financier / la conseillère financière
firefighter	le pompier
fisherman	le pêcheur
flight attendant	le steward de l'air / l'hôtesse de l'air
foreman	le contremaître
forewoman	la contremaîtresse
gardener	le jardinier / la jardinière
government employee	le/la fonctionnaire
graphic designer	le/la graphiste
hairdresser	le coiffeur / la coiffeuse
hotel manager	le directeur d'hôtel / la directrice d'hôtel
information technology (IT) director	le directeur de la technologie de l'information / la directrice de la technologie de l'information
jeweler	le bijoutier / la bijoutière
journalist	le/la journaliste
judge	le/la juge
lawyer	l'avocat/l'avocate
linguist	le/la linguiste

mail carrier	le facteur / la factrice
manager	le directeur / la directrice, le gérant / la gérante
mechanic	le mécanicien / la mécanicienne
medical examiner	le médecin légiste [*also* fem.: le médecin légiste]
miner	le mineur / la mineure
model	le/la mannequin
musician	le musicien / la musicienne
nanny	la nounou, l'assistante maternelle [une assistante]
nurse	l'infirmier/l'infirmière
office worker	l'employé de bureau / l'employée de bureau
orchestra conductor	le/la chef d'orchestre
painter	le/la peintre
pastry chef	le pâtissier / la pâtissière
performer	l'interprète [masc./fem.]
pharmacist	le pharmacien / la pharmacienne
physical therapist	le/la physiothérapeute, le/la kinésithérapeute
physicist	le physicien / la physicienne
pilot	le/la pilote
plumber	le plombier
police officer	l'agent de police, le policier / la policière
politician	le politicien / la politicienne, l'homme politique / la femme politique
programmer	le programmeur / la programmeuse
project manager	le/la chef de projet
proprietor	le/la propriétaire
psychiatrist	le/la psychiatre
psychologist	le/la psychologue
psychotherapist	le/la psychothérapeute
public servant	le/la fonctionnaire
real estate agent	l'agent immobilier / l'agente immobilière
receptionist	le/la réceptionniste
reporter	le/la reporter
sailor	le marin, le matelot [*also* fem.: le matelot]
sales clerk	le vendeur / la vendeuse
sales representative	le commercial / la commerciale
salesman	le représentant de commerce
saleswoman	la représentante de commerce
scientist	le/la scientifique
secretary	le/la secrétaire
security engineer	l'ingénieur sécurité

shoemaker	le cordonnier
social worker	l'assistant social / l'assistante sociale
soldier	le soldat / la femme soldat
sound engineer	l'ingénieur du son
stockbroker	l'agent de change / l'agente de change
surgeon	le chirurgien / la chirurgienne
tailor	le tailleur
taxi driver	le chauffeur de taxi / la chauffeuse de taxi
teacher (elementary school)	l'instituteur/l'institutrice
teacher (secondary school and college)	le/la professeur
technician	le technicien / la technicienne
tour guide	le/la guide touristique
translator	le traducteur / la traductrice
truck driver	le camionneur / la camionneuse
TV news anchor	le présentateur de nouvelles / la présentatrice de nouvelles
veterinarian	le/la vétérinaire
waiter	le serveur / la serveuse
watchmaker	l'horloger/l'horlogère
web designer	le concepteur de sites / la conceptrice de sites
worker (laborer)	l'ouvrier/l'ouvrière
writer	l'écrivain/l'écrivaine

Unlike English, French omits the indefinite article **un/une** with a profession after forms of **être** *to be* and **devenir** *to become*: **Je suis architecte** *I am an architect.*

Where do you work? Où travaillez-vous?

I work <u>at a firm</u>.	Je travaille <u>dans une entreprise</u>.
at an airport	dans un aéroport
at an army base	dans une base militaire
in an art gallery	dans une galerie d'art
in a conservatory	dans un conservatoire
in a courtroom	dans une salle de tribunal
in a department store	dans un grand magasin
in a doctor's office	dans un cabinet de médecin
in a factory	dans une usine
on a farm	sur une ferme
in a government department	dans un ministère
at home	à la maison, chez moi

>>>

in a hospital	dans un hôpital
at an international company	dans une société internationale
in an Internet café	dans un cybercafé
in a laboratory	dans un laboratoire
in a law office/firm	dans un cabinet d'avocat
in a medical office	dans un cabinet de médecin
in a museum	dans un musée
at a naval base, at a navy yard	dans/sur une base navale
in an office	dans un bureau
in a private hospital	dans un hôpital privé
in a production and recording studio	dans un studio de production et d'enregistrement
at a resort	dans un lieu de villégiature
in a restaurant	dans un restaurant
in a school	dans une école
at a state agency	dans une agence de l'état, dans un organisme de l'état
at the stock exchange	à la bourse
in a store/shop	dans un magasin
in a theater	dans un théâtre
at a university	dans une université

At work

Au travail

Philippe earns a living.

Philippe gagne sa vie.

earns a good salary	gagne un bon salaire
gets a pension	touche sa retraite
gets a raise	reçoit une augmentation
has a full-time job	a un emploi à plein temps
has a part-time job	a un emploi à temps partiel
has many benefits	a beaucoup d'avantages au travail
is a member of the union	est membre du syndicat
is applying for this job	postule pour ce poste
is bored at work	s'ennuie au travail
is looking for a job	cherche un poste/emploi
is overqualified	est trop qualifié
is preparing for an interview	se prépare pour une interview / un entretien
is retired	est à la retraite
is underemployed	est sous-employé
is unemployed	est sans emploi, est au chômage
works for a multinational company	travaille pour une multinationale

The firm and the employees

The firm decided to hire five hundred employees.

to fire	de renvoyer
to relocate	de déménager
to train	de former

Working conditions

The workers plan to form a union.

to ask for paid vacations	demander des vacances payées
to go on strike	faire grève
to retire	prendre la retraite
to sign the collective bargaining agreement	signer la convention collective

Christmas (year-end) bonus	la prime de Noël
disability insurance	l'assurance invalidité [une assurance]
health insurance	l'assurance maladie
life insurance	l'assurance vie
minimum wage	le SMIC (salaire minimum interprofessionnel de croissance)
pension plan	le régime de retraite
salary	le salaire
bimonthly	bimensuel
daily	quotidien
monthly	mensuel
weekly	hebdomadaire
yearly	annuel
strikebreaker, scab	le briseur / la briseuse de grève
unemployment insurance	l'assurance-chômage

These workers are paid by the hour.

by the day	à la journée
by the job	à la tache
by the month	au mois
by the week	à la semaine
every two weeks	à la quinzaine

L'entreprise et les employés

L'entreprise a décidé d'embaucher cinq cents employés.

Les conditions de travail

Les ouvriers ont l'intention de se syndiquer.

Ces ouvriers sont payés à l'heure.

Countries and nationalities

Where are you from?
I'm from France. I'm French.
Where were you born?
I was born in France.

Les pays et les nationalités

D'où êtes-vous?
Je suis de France. Je suis français/française.
Où est-ce que vous êtes né/née?
Je suis né/née en France.

Le gentilé is the name given to a people of a particular country, city, or region that identifies them as coming from that place. These are called adjectives of nationality or adjectives of place in English.

Country	*Le pays*	*Nationality*	Gentilé
Albania	Albanie	*Albanian*	albanien/albanienne
Algeria	Algérie	*Algerian*	algérien/algérienne
Andorra	Andorre	*Andorran*	andorran/andorrane
Argentina	Argentine	*Argentinian*	argentin/argentine
Australia	Australie	*Australian*	australien/australienne
Austria	Autriche	*Austrian*	autrichien/autrichienne
Belarus	Biélorussie	*Belarusian*	biélorusse
Belgium	Belgique	*Belgian*	belge
Bosnia	Bosnie, Bosnie-Herzégovine	*Bosnian*	bosnien/bosnienne, bosniaque
Bulgaria	Bulgarie	*Bulgarian*	bulgare
China	Chine	*Chinese*	chinois/chinoise
Colombia	Colombie	*Colombian*	colombien/colombienne
Croatia	Croatie	*Croatian*	croate
Egypt	Égypte	*Egyptian*	égyptien/égyptienne
England	Angleterre	*English*	anglais/anglaise
Estonia	Estonie	*Estonian*	estonien/estonienne
Finland	Finlande	*Finnish*	finlandais/finlandaise, finnois/finnoise
France	France	*French*	français/française
Germany	Allemagne	*German*	allemand/allemande
Greece	Grèce	*Greek*	grec/grecque
Hungary	Hongrie	*Hungarian*	hongrois/hongroise
Iceland	Islande	*Icelandic*	islandais/islandaise
India	Inde	*Indian*	indien/indienne
Indonesia	Indonésie	*Indonesian*	indonésien/indonésienne
Ireland	Irlande	*Irish*	irlandais/irlandaise
Italy	Italie	*Italian*	italien/italienne
Latvia	Lettonie	*Latvian*	letton/lettonne

(cont.)

Country	Le pays	Nationality	Gentilé
Lithuania	Lituanie	*Lithuanian*	lituanien/lituanienne
Moldavia	Moldavie	*Moldovan*	moldave
Norway	Norvège	*Norwegian*	norvégien/norvégienne
Poland	Pologne	*Polish*	polonais/polonaise
Rumania	Roumanie	*Romanian*	roumain/roumaine
Russia	Russie	*Russian*	russe
Scotland	Écosse	*Scottish*	écossais/écossaise
Serbia	Serbie	*Serbian*	serbe
Slovakia	Slovaquie	*Slovak*	slovaque
Slovenia	Slovénie	*Slovenian*	slovène
Spain	Espagne	*Spanish*	espagnol/espagnole
Sweden	Suède	*Swedish*	suédois/suédoise
Switzerland	Suisse	*Swiss*	suisse
Ukraine	Ukraine	*Ukrainian*	ukrainien/ukrainienne

They live in France.	Ils habitent en France.
in Albania	en Albanie
in Andorra	en Andorre
in England	en Angleterre
in Estonia	en Estonie
in Germany	en Allemagne
in Greece	en Grèce
in Ireland	en Irlande
in Italy	en Italie
in Latvia	en Lettonie
in Lithuania	en Lituanie
in Poland	en Pologne
in Rumania	en Roumanie
in Russia	en Russie
in Scotland	en Écosse
in Slovenia	en Slovénie
in Spain	en Espagne

French uses the prepositions à or **en** before a geographical name. Both prepositions mean both *in* and *to*.

En is used before the names of countries that are grammatically feminine (**en Finlande, en Suède**) or that are grammatically masculine and begin with a vowel or a mute **h** (**en Équateur, en Israël, en Haïti**).

À + definite article (contracted to **au**) is used before the names of countries that are grammatically masculine and begin with a consonant (**au Canada, au Portugal**).

We're going to Australia.	Nous allons en Australie.
to Austria	en Autriche
to Belarus	en Biélorussie
to Belgium	en Belgique
to Bosnia	en Bosnie, en Bosnie-Herzégovine
to Bulgaria	en Bulgarie
to Croatia	en Croatie
to Finland	en Finlande
to Hungary	en Hongrie
to Iceland	en Islande
to Moldavia	en Moldavie
to Norway	en Norvège
to Serbia	en Serbie
to Slovakia	en Slovaquie
to Sweden	en Suède
to Switzerland	en Suisse
to Ukraine	en Ukraine
Our country has an embassy in China.	Notre pays a une ambassade en Chine.
in Algeria	en Algérie
in Argentina	en Argentine
in Colombia	en Colombie
in Egypt	en Égypte
in India	en Inde
in Indonesia	en Indonésie
in the Ivory Coast	en Côte d'Ivoire
in Libya	en Lybie
in Mauretania	en Maurétanie

>>>

>>>

in Saudi Arabia	en Arabie Saoudite
in Syria	en Syrie
in Thailand	en Thaïlande
in Tunisia	en Tunisie

I expect to spend my vacation in Denmark. Je compte passer mes vacances au Danemark.

in Brazil	au Brésil
in Cambodia	au Cambodge
in Canada	au Canada
in Chile	au Chili
in Costa Rica	au Costa Rica
in El Salvador	au Salvador
in Guatemala	au Guatemala
in Honduras	au Honduras
in Laos	au Laos
in Malaysia	au Malaysia, en Malaysia
in Mali	au Mali
in Mexico	au Mexique
in Montenegro	au Monténégro, en Monténégro
in Morocco	au Maroc
in Nicaragua	au Nicaragua
in Niger	au Niger
in Nigeria	au Nigéria
in Pakistan	au Pakistan
in Panama	au Panama
in Peru	au Pérou
in Portugal	au Portugal
in Quebec (province)	au Québec
in Senegal	au Sénégal
in Venezuela	au Venezuela
in Vietnam	au Vietnam

To express *from* before a geographical name, use **de** (**d'**) before countries that take **en** to mean *in, to* and **du** before those place names that take **au**.

Where are you from?   D'où êtes-vous?

I'm from France.   Je suis de France.

I'm from Algeria.   Je suis d'Algérie.

I'm from Israel.	Je suis d'Israël.
I'm from Senegal.	Je suis du Sénégal.

For geographical names that are plural, such as **les États-Unis** *the United States* and **les Antilles** *the West Indies*, the contractions **aux** and **des** are used.

We live in the United States.	Nous habitons aux États-Unis.
We live in the West Indies.	Nous habitons aux Antilles.
We live in the Philippines.	Nous habitons aux Philippines.
He comes from the United States.	Il vient des États-Unis.
He comes from the West Indies.	Il vient des Antilles.
He comes from the Philippines.	Il vient des Philippines.

What's his name? / Comment s'appelle-t-il?

What's <u>the American astronaut's</u> name?	Comment s'appelle <u>l'astronaute américain</u>?
the Finnish composer	le compositeur finnois
the French pastry chef	le pâtissier français
the Irish linguist	le linguiste irlandais
the Russian diplomat	le diplomate russe
the Swiss watchmaker	l'horloger suisse [un horloger]

Continents / Les continents

Africa	L'Afrique [fem.]
Antarctica	L'Antarctique [masc.]
Asia	L'Asie [fem.]
Australia	L'Australie [fem.]
Europe	L'Europe [fem.]
North America	L'Amérique du Nord [fem.]
South America	L'Amérique du Sud [fem.]

Languages in French are all masculine and begin with a lowercase letter. In most contexts, the name of the language is preceded by a definite article.

Languages / Les langues

I'm studying <u>languages</u>.	Je fais <u>des langues</u>.
Afrikaans	de l'afrikaans
Albanian	de l'albanais
Arabic	de l'arabe
Armenian	de l'arménien

›››

Basque	du basque
Belarusian (White Russian)	du biélorusse
Berber languages	des langues berbères [une langue]
Breton	du breton
Bulgarian	du bulgare
Burmese	du birman
Catalan	du catalan
Chinese	du chinois
Croatian	du croate
Czech	du tchèque
Danish	du danois
Dutch	du néerlandais
English	de l'anglais
Estonian	de l'estonien
Filipino	du tagalog
Finnish	du finnois
Flemish	du flamand
French	du français
Fula	du peul
Galician	du galicien
German	de l'allemand
(Classical) Greek	du grec ancien
(Modern) Greek	du grec moderne
Haitian Creole	du créole haïtien
Hausa	du haoussa
Hebrew	de l'hébreu
Hindi	du hindi
Hungarian	du hongrois
Icelandic	de l'islandais
Indonesian	de l'indonésien
Irish	de l'irlandais
Italian	de l'italien
Japanese	du japonais
Khmer, Cambodian	du khmer
Korean	du coréen
Kurdish	du kurde
Latin	du latin
Latvian	du letton
Lithuanian	du lituanien

Malagasy	du malgache
Norwegian	du norvégien
Pashto	du pashtoun, du pachtou
Persian, Farsi	du perse
Polish	du polonais
Portuguese	du portugais
Provencal	du provençal, de l'occitan
Romansch	du romanche
Rumanian	du roumain
Russian	du russe
Sanskrit	du sanskrit
Sardinian	du sarde
Serbian	du serbe
Sicilian	du sicilien
Slovak	du slovaque
Slovene	du slovène
Swahili	du souahéli, du swahili
Swedish	du suédois
Tagalog	du tagalog
Tamil	du tamoul
Thai	du thaï, du siamois
Tibetan	du tibétain
Turkish	du turc
Ukrainian	de l'ukrainien
Urdu	de l'ourdou
Vietnamese	du vietnamien
Welsh	du gallois
Wolof	du wolof
Yiddish	du yiddish

Pour parler un français authentique

the Far East	l'Extrême-Orient
the Middle East	le Moyen-Orient
language proficiency	la maîtrise d'une langue
French is spoken here.	Ici on parle français.
She speaks three languages fluently.	Elle parle couramment trois langues.
He's good in languages.	Il est doué pour les langues.
What's the capital of France?	Quelle est la capitale de France?

What town are they from?	De quelle ville sont-ils?
The demographic data include the number of inhabitants.	Les données démographiques incluent le nombre d'habitants.
The world population is more than seven billion.	La population mondiale dépasse les sept milliards.

Proverbes, expressions et citations

There's many a slip twixt the cup and the lip.	Il y a loin de la coupe aux lèvres.
Heaven helps those who help themselves.	Aide-toi et le ciel t'aidera.
Nothing ventured, nothing gained.	Qui ne risque rien, n'a rien.
You can't pay too much for a good worker.	Un bon ouvrier n'est jamais trop chèrement payé.
Speech is silver, but silence is golden.	La parole est d'argent mais le silence est d'or.

«Qui ne connaît pas de langues étrangères ne sait rien de la sienne.»
   JOHANN WOLFGANG VON GOETHE

«Notre langue façonne notre façon de penser et détermine ce à quoi nous pouvons penser.»
   BENJAMIN LEE WHORF

«Les limites de mon langage signifient les limites de mon propre monde.»
   LUDWIG WITTGENSTEIN

Exercice 66

Complete each phrase so that it expresses the meaning of the English phrase.

1. *real estate agent*   l'agent _____
2. *businesswoman*   la femme _____
3. *life insurance*   l'_____ vie
4. *He gets a pension.*   Il touche à sa _____.
5. *web designer*   le _____ de sites
6. *a full-time job*   un emploi _____
7. *social worker*   l'_____ social
8. *a doctor's office*   un _____ de médecin
9. *stockbroker*   l'agent de _____
10. *Christmas bonus*   la _____ de Noël

11. *He is applying for this job.*   Il _____ pour ce poste.

12. *to train workers*   _____ des ouvriers

13. *financial advisor*   le _____ financier

14. *pension plan*   le _____ de retraite

15. *to go on strike*   faire _____

Exercice 67

Unscramble the letters in each item to create a word from the world of work.

1. pnheaercirt   _____

2. medhaaodiebr   _____

3. tjirueboi   _____

4. éganmdreé   _____

5. trneeiten   _____

6. tuomateaingn   _____

7. orosctreviena   _____

8. éitvliulreag   _____

9. rceunirihgne   _____

10. iètnremsi   _____

11. tereepnrerurn   _____

12. tcrnepstarieé   _____

Exercice 68

Match each professional in the first column with his or her probable place of work in the second column.

1. _____ acteur   a. restaurant

2. _____ domestique   b. usine

3. _____ instituteur   c. orchestre

4. _____ fonctionnaire   d. bourse

5. _____ ouvrier   e. base militaire

6. _____ doyen   f. école primaire

7. _____ infirmière   g. ministère

8. _____ musicien   h. hôpital

9. _____ soldat   i. université

10. _____ serveuse   j. maison

11. _____ scientifique   k. laboratoire

12. _____ agent de change l. théâtre

Exercice 69

Respond in French as specified for each of the following situations.

1. Tell about yourself. Tell where you are from, your family background, what language(s) you speak, what your profession is, and where you work.

   _____

   _____

   _____

   _____

2. Describe a foreign friend or a member of your family who was born abroad. Tell where he or she is from, his or her profession, languages he or she speaks, and where that person works.

   _____

   _____

   _____

   _____

3. Describe your professional life: what you do, where you work and with whom, working conditions, hours, salary, etc.

   _____

   _____

   _____

   _____

Exercice 70

Select the appropriate verb from the following list to complete each sentence.

forme	travaille	postule	cherche	gagne	signe
est	reçoit	fait	touche	s'ennuie	embauche

1. Ce jeune homme d'affaires _____ sa vie.

2. Mon ami _____ du Portugal.

3. Parce qu'il va travailler en Russie, il _____ du russe.

4. Elle ne travaille plus. Elle _____ sa retraite.

5. Le syndicat _____ la convention.

6. L'entreprise _____ ses ouvriers avec des classes.

7. Le ministère _____ beaucoup de nouveaux employés maintenant.

8. Ce fermier _____ sur une ferme.

9. Martine est sans emploi. Elle _____ du travail.

10. Elle _____ pour ce poste.

11. Il est sous-employé et _____ au bureau.

12. Elle _____ une augmentation tous les ans.

Exercice 71

Translate the following sentences into French.

1. *She's applying for this job and is preparing for the interview.*

   _____

   _____

2. *He's studying Japanese because he's going to Japan.*

   _____

3. *I'm looking for a job in an art gallery.*

   _____

4. *He gets a good salary and also health insurance.*

   _____

5. *She is from Senegal and she speaks Wolof and French.*

   _____

6. *He is going to be unemployed because his firm is firing many employees.*

   _____

   _____

7. *She works at an airport, but she is bored at work.*

   _____

8. *If the firm doesn't sign the collective bargaining agreement, the workers are going to go out on strike.*

   _____

   _____

9. *The manager wants to hire an accountant and two secretaries.*

   _____

   _____

10. *The workers are asking for paid vacations and disability insurance.*

    _____

    _____

12

Les fêtes et les célébrations
Holidays and celebrations

This chapter presents vocabulary for talking about important secular and religious holidays in the United States, France, and other French-speaking countries. You will learn about important celebrations and be able to describe a birthday party or wedding you attended.

Thanksgiving is celebrated in Canada, but not in France. Columbus Day is not celebrated in either country.

French holidays

The first of January is New Year's Day.
January 6 is Epiphany, Three Kings Day.
February 14 is Valentine's Day.

May 1 is Labor Day.
May 8 is WW II Victory Day.

The last Sunday in May is Mother's Day.
The third Sunday in June is Father's Day.
June 21 is Music Day.
July 14 is the National Holiday.
November 11 is Armistice Day.

December 24 is Christmas Eve.
December 25 is Christmas.
December 31 is New Year's Eve.

Les fêtes nationales en France

Le premier janvier est le jour de l'an.
Le six janvier est Épiphanie, le jour des Rois.
Le quatorze février est la Saint-Valentin / la fête des amoureux.

Le premier mai est le jour du travail.
Le huit mai est la commémoration de la Victoire de 1945.

Le dernier dimanche de mai est la fête des Mères.
Le troisième dimanche de juin est la fête des Pères.
Le 21 juin est la fête de la musique.
Le 14 juillet est la Fête Nationale.
Le 11 novembre est la commémoration de la fin de la Première Guerre mondiale.

Le 24 Décembre est la veille de Noël.
Le 25 Décembre est Noël.
Le 31 Décembre est la Saint-Sylvestre.

Canadian holidays

March 8 is International Women's Day.
March 20 is the Day of the French-speaking World.
May 19 is Queen's Day (Victoria Day).

Les fêtes canadiennes

Le huit mars est la journée internationale des femmes.
Le 20 mars est la journée internationale de la Francophonie.
Le 19 mai est la fête de la Reine.

June 24 is Quebec Day (St. John's Day).	Le 24 juin est la Fête Nationale du Québec.
July 1 is Canada Day.	Le premier juillet est la fête du Canada.
The second Monday in October is Thanksgiving Day.	Le deuxième lundi d'octobre est le jour de l'Action de grâce.
November 11 is Remembrance Day.	Le 11 novembre est le jour du Souvenir.

American holidays — Les fêtes américaines

Martin Luther King Day	la fête de Martin Luther King
Presidents Day	le jour des présidents
Saint Patrick's Day	la fête de Saint Patrick
Flag Day	le jour du drapeau
Independence Day	le jour de l'Indépendance / la Fête Nationale
Labor Day	la fête du travail
Columbus Day	le jour de Christophe Colomb
Halloween	la fête d'Halloween
Veteran's Day	le jour des Anciens Combattants
Thanksgiving Day	le jour de l'Action de grâce

For **le jour des Rois**, a special cake called **la galette des rois** is baked with **une fève** *a bean* hidden in it. The person who gets the bean in his or her piece of cake is **le roi** *the king* or **la reine** *the queen* of the celebration.

For **la Chandeleur** *Candlemas*, crêpes are made at home.

For April Fool's Day, the person who is the object of jokes and tricks is the **poisson d'avril**.

Religious holidays — Les fêtes religieuses

Catholic holidays — Les fêtes catholiques

February second is Candlemas.	Le deux février est la Chandeleur.
Mardi Gras falls 40 days before Easter.	Mardi Gras tombe 40 jours avant Pâques.
Ash Wednesday is the first day of Lent.	Le mercredi des Cendres est le premier jour de la Carême.
Palm Sunday falls one week before Easter.	Le dimanche des Rameaux tombe une semaine avant Pâques.
Holy Thursday is the Thursday before Easter.	Jeudi saint est le jeudi avant Pâques.
Good Friday is the Friday before Easter.	Vendredi saint est le vendredi avant Pâques.
Easter Monday is the day after Easter.	Le lundi de Pâques est le lendemain de Pâques.
Ascension Day falls 40 days after Easter.	L'Ascension tombe 40 jours après Pâques.
Pentecost falls 50 days after Easter.	La Pentecôte tombe 50 jours après Pâques.

August 15 is Assumption Day.	Le 15 août est l'Assomption.
November 1 is All Saints Day.	Le premier novembre est la Toussaint.
November 2 is All Souls Day.	Le deux novembre est la fête des Morts.

Jewish holidays — **Les fêtes juives**

Hanukkah (Festival of Lights)	le Hanoukka, le Hanoucca
Holocaust Remembrance Day (Yom HaShoah)	le jour de la Commémoration de la Shoah
Passover	la Pâque, le Pessah
Purim	le Pourim
Rosh Hashanah	le Roch Hachana
Sabbath	le Chabat, le sabbat
Yom Kippur (Day of Atonement)	le Yom Kippour, le Kippour, le jour de l'Expiation

Islamic holidays — **Les fêtes musulmanes**

Ramadan	Le Ramadan
Eid al-Fitr	L'Aid ul-Fitr

Christmas and Hanukkah — Noël et Hanoucca

Christmas carol	le chant de Noël
Christmas Eve (midnight) mass	la messe de minuit
Christmas tree	l'arbre de Noël [un arbre]
Happy holidays!	Bonne fête!
holly	le houx
menorah	le menora

For May 1, houses are decorated with **le muguet** *lily of the valley*. Men often wear a sprig of this plant in their lapels.

Rites and rituals — Les rites et les rituels

baptism	le baptême
bar mitzvah	la bar mitzvah
bat mitzvah	la bat mitzvah
birthday	l'anniversaire [masc.]
bris, brit (Covenant of Circumcision)	la Brit Milah (l'alliance par la circoncision)
first communion	la première communion
mass	la messe
Sabbath, Shabbat (Saturday)	le chabat
saint's day	la fête (du saint)
wedding	le mariage

In French, the present subjunctive is used in dependent noun clauses that mark events or states that the speaker considers not part of reality or of his or her experience. A dependent noun clause in the subjunctive follows a main clause that expresses wants, expectation, or doubt: **je veux que tu viennes** à la soirée *I want you to come to the party*, **je doute qu'elle vienne** à la cérémonie *I doubt she'll come to the ceremony*. The verb forms **tu viennes** and **elle vienne** are present subjunctive forms and contrast with the present indicative forms **tu viens, elle vient**.

Parties and get-togethers

They want us to come to the party.

to his bachelor party	à l'enterrement de sa vie de célibataire [un enterrement]
to her bachelorette party	à l'enterrement de sa vie de jeune fille
to the banquet	au banquet, au festin
to the birthday party	à la fête d'anniversaire
to the business dinner	au dîner d'affaires
to the charity event	à l'événement de bienfaisance [un événement]
to the charity gala	au gala de charité
to Christmas dinner	au réveillon
to the closing ceremony	à la cérémonie de clôture
to the cocktail party	au cocktail
to the corporate event	à l'événement d'entreprise
to the costume/masquerade ball	au bal masqué
to the family gathering	à la réunion de famille
to the fancy dress ball	au bal costumé
to the food festival	au festival gastronomique
to the fund-raising event	à la collecte de fonds, au gala de bienfaisance
to the gala dinner	au dîner de gala
to the golden wedding anniversary	aux noces d'or [une noce]
to the housewarming party	à la pendaison de la crémaillère
to the music festival	au festival de musique
to the opening celebration	à la célébration d'ouverture
to the pre-game party	à l'événement d'avant-match
to the retirement party	à la fête de départ à la retraite
to the street festival	au festival de rue
to the wedding reception	à la réception de mariage
to the welcome home party	à la réception de bienvenue
to the working dinner	au dîner de travail

Les fêtes et les réunions

Ils veulent qu'on vienne à la fête.

Party activities

Les activités des célébrations

to blow out the candles	souffler les bougies
to celebrate	célébrer
to clink glasses	trinquer
to dance	danser
to entertain	accueillir, recevoir
gift giving	l'échange de cadeaux [un échange]
to give a gift	donner un cadeau, offrir
to have a drink	boire un verre
to have a good time	s'amuser
to invite	inviter
to make a wish	faire un vœu
to raise one's glass	lever son verre
to sing	chanter
to throw a party	donner une fête, organiser une fête
to toast	proposer un toast
to wish someone well	adresser ses vœux à quelqu'un, féliciter à quelqu'un

French speakers use the same melody we use for "Happy Birthday" to celebrate someone's birthday. In France, the words are "Joyeux anniversaire" (with the **x** pronounced as **z** between the vowels) and in Canada, "Bonne fête à toi."

The birthday party

La fête d'anniversaire

to be thirty-two years old	avoir trente-deux ans
balloon	le ballon
birthday celebrant	la personne qu'on célèbre, l'anniversé / l'anniversée
cake	le gâteau
candle	la bougie
to celebrate	célébrer
celebration	la célébration
champagne	le champagne
Cheers!	À votre santé!
drinks	des boissons [une boisson], des verres [un verre]
food	la nourriture
gift	le cadeau
to give something as a gift	offrir quelque chose
Happy Birthday!	Joyeux anniversaire!
hors d'oeuvres	les hors-d'œuvres [un hors-d'œuvre]

party	la fête, la soirée
party favor	le cadeau d'invité
a surprise birthday party	une surprise party
wet blanket, party pooper	le rabat-joie

The wedding — Les noces

best man	le témoin, le garçon d'honneur
black tie required	tenue de soirée exigée
bridal bouquet	le bouquet de la mariée
bridal party	le cortège nuptial
bride	la mariée
bridesmaid	la demoiselle d'honneur
church	l'église [fem.]
civil ceremony	le mariage civil
couple	le couple
to court	faire la cour
engagement	les fiançailles [fem. pl.]
engagement ring	la bague de fiançailles
to fall in love (with)	tomber amoureux/amoureuse (de)
fiancé	le fiancé
fiancée	la fiancée
to get engaged (to)	se fiancer (avec)
to get married (to)	se marier (avec)
groom	le (jeune) marié
guest	l'invité/l'invitée
honeymoon	le voyage de noces
husband	le mari
I do.	Oui.
to kiss	embrasser
to love	aimer
to love each other	s'aimer
maid of honor	la fille d'honneur
marriage	le mariage
a marriage certificate	un acte de mariage, un certificat de mariage
marriage proposal	la demande en mariage
marriage vows	les vœux [un vœu]
to marry into a family, to become part of a family	se lier à une famille, se marier à une famille
newlyweds	les jeunes mariés [masc. pl.]

priest	le curé
rabbi	le rabbin
synagogue	la synagogue
toast	le toast
to toss the bridal bouquet	jeter/lancer le bouquet de la mariée
wedding	les noces [une noce], la célébration d'un mariage
wedding anniversary	l'anniversaire de noce [un anniversaire]
wedding announcement	le faire-part de mariage
wedding ceremony	le mariage
wedding day	le jour de mariage
wedding favor	la dragée de mariage
wedding gift	le cadeau de mariage
wedding gown	la robe de mariée
wedding party	le cortège nuptial
wedding planner	l'organisateur de mariage [un organisateur]
wedding reception	le repas de noce, la réception de mariage
wedding (gift) registry	la liste de cadeaux
wedding ring	l'alliance [fem.]
wife	la femme, l'épouse [fem.]

Joyful and sad events — Les événements joyeux et douloureux

to be in mourning	être en deuil
to cry, to mourn	pleurer
custom	la coutume
to express one's condolences	présenter ses condoléances
My deepest sympathy.	Mes sincères condoléances.
funeral	l'enterrement [masc.], les obsèques [fem. pl.]
happiness	le bonheur
in honor of	en l'honneur de
joy	la joie
to laugh	rire
to burst out laughing	éclater de rire
to lay a wreath on someone's grave	déposer une couronne de fleurs sur la tombe de quelqu'un
memory	la mémoire
in memory/remembrance of	en souvenir de
nostalgia	la nostalgie
patriotism	le patriotisme
to put flowers on the grave	fleurir les tombes

sadness	la tristesse
tradition	la tradition

Pour parler un français authentique

His birthday falls on Saturday.	Son anniversaire tombe samedi.
We gave our host and hostess a bottle of wine.	Nous avons offert à notre hôte et notre hôtesse une bouteille de vin.
There were floats in the parade.	Il y avait des chars dans le défilé.
The celebration ended with fireworks.	La célébration s'est achevée/terminée avec des feux d'artifice.
He crashed the party.	Il s'est incrusté dans la fête.
Happy New Year!	Bonne année!
What a crazy party!	Quelle java!
What a party animal!	Quel fêtard!
They're out partying as usual.	Ils sont partis faire la fête, comme toujours.
The Gregorian calendar is used in the West.	On emploie le calendrier grégorien en Occident.

Proverbes, expressions et citations

Look before you leap.	Qui se marie à la hâte se repent à loisir.
Friday the 13th brings bad luck.	Vendredi 13 porte malheur.
When the cat's away, the mice will play.	Le chat parti, les souris dansent.
Every age of life is different.	Chaque âge a ses plaisirs, son esprit et ses mœurs.
Experience always wins the day.	Dans les vieux pots, les bonnes soupes.
I'd prefer to have eyes that don't see, ears that don't hear, and lips that can't speak than a heart that can't love.	Je préfère avoir des yeux qui ne voient pas, des oreilles qui n'entendent pas, des lèvres qui ne peuvent pas parler, qu'un cœur qui ne peut pas aimer.
The gates of the future are open to all those who know how to push them open.	Les portes de l'avenir sont ouvertes à ceux qui savent les pousser.

«On ne peut jamais prévoir l'avenir par le passé.»
  EDMUND BURKE

«Le mariage est une loterie.»
  BEN JOHNSON

«Où il y a mariage sans amour, il y aura amour sans mariage.»
  BENJAMIN FRANKLIN

«L'amour est souvent un fruit du mariage.»
  MOLIÈRE

«Un mariage heureux est une longue conversation qui semble toujours trop brève.»
  ANDRÉ MAUROIS

«Les plus belles fêtes sont celles qui ont lieu à l'intérieur de nous.»
  FRÉDÉRIC BEIGBEDER

«Il n'y a jamais plus de deux personnes dans une histoire. Il n'y a jamais plus d'un seul amour dans la vie.»
  CHRISTIAN BOBIN

Exercice 72

Complete each phrase so that it expresses the meaning of the English phrase.

1. *Flag Day*   le jour _____

2. *Veterans Day*   le jour _____

3. *Thanksgiving*   _____ de grâces

4. *housewarming*   _____ de la crémaillère

5. *a business dinner*   un dîner _____

6. *Remembrance Day*   le jour _____

7. *bridal bouquet*   le bouquet _____

8. *first communion*   la _____ communion

9. *her engagement ring* sa _____ de fiançailles

10. *midnight mass*   _____ de minuit

11. *to blow out the candles* _____ les bougies

12. *the charity event*   l'événement _____

13. *fund-raising*   _____ de fonds

14. *Christmas Eve*   _____ de Noël

15. *his bachelor party* l'_____ de sa vie de célibataire

16. *honeymoon*   _____ de noces

17. *Ash Wednesday*   mercredi de _____

18. *fireworks*   les feux _____

19. *pre-game party*   l'événement d'_____

20. *the closing ceremony* la cérémonie de _____

Exercice 73

Match each item in the first column with the item in the second column that is related to it.

1. _____ le houx   a. le cortège nuptial

2. _____ le muguet   b. le gâteau d'anniversaire

3. _____ la fève   c. le premier mai

4. _____ la fille d'honneur   d. un bébé

5. _____ les chars   e. la mariée

6. _____ les bougies   f. Noël

7. _____ le baptême   g. le 31 décembre

8. _____ les crêpes   h. la fête des Rois

9. _____ le bouquet   i. la Chandeleur

10. _____ la Saint-Sylvestre j. le défilé

Exercice 74

Select the verb that correctly completes each sentence.

1. Je voudrais _____ un toast. (proposer / boire)

2. Nous allons _____ une fête. (prendre / organiser)

3. Ils sont partis _____ la fête. (aller / faire)

4. Viens _____ un verre avec moi! (acheter / boire)

5. La mariée vient de _____ son bouquet. (lancer / demander)

6. Cette année la fête _____ samedi. (tombe / va)

7. Nous allons _____ nos vœux au président de la société. (donner / adresser)

8. Elle veut _____ avec un homme riche. (se marier / accueillir)

9. Tu dois _____ les bougies sur ton gâteau. (donner / souffler)

10. Lui, il aime _____ aux fêtes des autres. (lever / s'incruster)

Exercice 75

Give the name of a holiday that is celebrated in the United States in each of the following months. There might be more than one holiday for certain months.

1. janvier _____

2. février _____

3. mars _____

4. mai _____

5. juin _____

6. juillet _____

7. septembre _____

8. octobre _____

9. novembre _____

10. décembre _____

Exercice 76

Give the name of the month in which each of these French and Canadian holidays is celebrated.

1. la journée internationale de la Francophonie _____

2. la fête de la musique _____

3. la fête de la Reine _____

4. le jour de l'Action de grâce _____

5. la Victoire _____

6. la fête des Rois _____

7. la Fête Nationale du Québec _____

8. la fête du Canada _____

Exercice 77

Match each item in the first column with its synonym in the second column.

1. _____ femme   a. garçon d'honneur

2. _____ noces   b. festin

3. _____ bienfaisance   c. bague

4. _____ banquet   d. épouse

5. _____ fête   e. mari

6. _____ commémoration   f. charité

7. _____ galette   g. accueillir

8. _____ recevoir   h. mariage

9. _____ donner   i. lancer

10. _____ témoin   j. célébration

11. _____ acte   k. souvenir

12. _____ jeter   l. offrir

13. _____ alliance   m. gâteau

14. _____ époux   n. certificat

Exercice 78

Respond in French as specified for each of the following situations.

1. Tell how and with whom you like to celebrate your birthday. Describe a party you had, discussing guests, decorations, gifts, food, etc.

   _____

   _____

   _____

   _____

   _____

   _____

2. Describe a wedding, either your own or one you attended as a guest.

_____

_____

_____

_____

_____

3. Talk about your favorite holidays. Tell how you celebrate these holidays and why you like them.

_____

_____

_____

_____

_____

_____

Exercice 79

Translate the following sentences into French.

1. *Paulette is twenty-three years old.*

_____

2. *Her birthday falls on Sunday.*

_____

3. *At the party she blows out the candles on the cake.*

_____

4. *The guests have gifts for her.*

_____

5. *They want us to come to the charity event.*

_____

6. *It's black-tie.*

_____

7. We are going to spend Easter vacation with our French friends in Paris.

_____

_____

8. I want to spend Christmas vacation in Canada.

_____

9. We are going to invite our friends to Christmas dinner.

_____

_____

10. For the Independence Day celebration, there were parades with floats and fireworks.

_____

_____

13

Le gouvernement, la politique et la société

Government, politics, and society

This chapter presents vocabulary for talking about types of government, political systems, ideologies, and leaders. You will be able to discuss the political process, having learned vocabulary relevant to political parties, elections, and public opinion. You will also acquire the necessary vocabulary to talk about social problems in society.

There are many English cognates in this section, most of them English words borrowed from French. Remember that if a French adjective ends in -e in the masculine form, it does not add another e in the feminine form. However, adjectives ending in -é (past participles of -er verbs) do add an e in the feminine: **fatigué/fatiguée**.

Kinds of government	**Les gouvernements**
It's a communist country.	C'est un pays communiste.
capitalist	capitaliste
democratic	démocratique
despotic	despotique
fascist	fasciste
Marxist	marxiste
progressive	progressiste
racist	raciste
secular	laïque
socialist	socialiste
totalitarian	totalitaire
tyrannical	tyrannique
It's an authoritarian country.	C'est un pays autoritaire.
autocratic	autocratique

Political systems

That country is a democracy.	Ce pays est une démocratie.
an absolute monarchy	une monarchie absolue
a constitutional monarchy	une monarchie constitutionnelle
a dictatorship	une dictature
a kingdom	un royaume
a military dictatorship	une dictature militaire
a monarchy	une monarchie
an oligarchy	une oligarchie
a republic	une république
a theocracy	une théocratie
a welfare state	un état providence

Les systèmes politiques

All words that end in **-isme** in French are masculine in gender.

Ideologies

communism	le communisme
conservatism	le conservatisme
fascism	le fascisme
imperialism	l'impérialisme
liberalism	le libéralisme
Marxism	le marxisme
militarism	le militarisme
nationalism	le nationalisme
progressivism	le progressisme
racism	le racisme
radicalism	le radicalisme
socialism	le socialisme

Les idéologies

The constitution

The constitution guarantees freedom of religion.	La constitution garantit la liberté de religion.
freedom of assembly	la liberté de réunion
freedom of movement	la liberté de circulation
freedom of opinion	la liberté d'opinion
freedom of the press	la liberté de la presse
freedom of speech	la liberté d'expression
freedom of thought	la liberté de pensée

La constitution

Political parties

*Are you going to vote for
    the socialist party?*
    the center-left party
    the center-right party
    the communist party
    the conservative party
    the Democratic Party (U.S.)
    the Green Party
    the left-wing party
    the liberal party
    the nationalist party
    the Republican Party (U.S.)
    the right-wing party

Les partis politiques

Tu vas voter pour le parti socialiste?

le parti centre-gauche
le parti centre-droite
le parti communiste
le parti conservateur
le Parti Démocrate
le Parti des Verts, le parti écologiste
le parti de gauche
le parti libéral
le parti nationaliste
le Parti Républicain
le parti de droite

The government

the bicameral legislature
the Chamber of deputies (France)
the Congress
the Council of State (France)
the court
a department of government
the head of state
the House of Representatives (U.S.)
a minister of government
the judiciary
the legislature
the parliament
the president
the president's cabinet
the prime minister
a representative
the senate
a senator

Department of Agriculture
Department of Commerce
Department of Defense
Department of Domestic Affairs
Department of Education

Le gouvernement

l'assemblée législative bicamérale [une assemblée]
la Chambre des députés
le Congrès (U.S.), l'Assemblée nationale (France)
le Conseil d'État
la cour
un ministère
le chef d'État
la Chambre des représentants
un ministre
le pouvoir judiciaire
le corps législatif
le parlement
le président
le cabinet du président
le premier ministre
un représentant (U.S.), un député (France)
le sénat
un sénateur, une sénatrice

le Ministère de l'Agriculture
le Ministère du Commerce
le Ministère de la Défense nationale
le Ministère de l'Intérieur
le Ministère de l'Éducation nationale

Department of Energy	le Ministère de l'Énergie
Department of Foreign Trade	le Ministère du Commerce extérieur
Department of Justice	le Ministère de la Justice
Department of Labor	le Ministère du Travail
Department of Social Affairs and Health	le Ministère des Affaires sociales et de la Santé
State Department (foreign affairs)	le Ministère des Affaires étrangères
Department of the Treasury	le Ministère de l'Économie et des Finances

Elections / Les élections

election	l'élection [fem.]
the right to vote	le droit de vote
universal suffrage	le suffrage universel
to be of voting age	être en âge de voter
The candidates run for office.	Les candidats se présentent aux élections.
The candidates study the results of the polls.	Les candidats étudient les résultats des sondages.
The voters go to the polls.	Les électeurs vont aux urnes.
Each one submits a ballot.	Chacun dépose un scrutin.
The votes are counted.	On dépouille le scrutin.
We vote by secret ballot.	On vote à bulletin secret.
He's running for president.	Il se présente à la présidence.
He's running in the provincial elections.	Il se présente aux élections provinciales.
He's running in the local elections.	Il se présente aux élections municipales.

My town, city, and state / Ma ville et mon état

Here's a photo of city hall.	Voici une photo de l'hôtel de ville.
of city hall (small town)	de la mairie
of the mayor	du maire
of the town council	du conseil municipal
of a town councilor	d'un conseiller municipal

In the national assembly / À l'Assemblé nationale

There are motions.	Il y a des motions.
bills	des projets de loi [un projet]
coalitions	des coalitions [une coalition]
debates	des débats [un débat]
speeches	des discours [un discours]

to present a motion of no confidence	soumettre une motion de censure
to deliberate	délibérer
to come to a decision	prendre une décision
to amend the constitution	amender la constitution

National defense / La défense nationale

He did his military service.	Il a fait son service militaire.
He served in the Army.	Il a servi dans l'Armée.
in the Navy	dans la Marine
in the Air Force	dans l'Armée de l'air
in the Coast Guard	dans la Garde-Côtes, dans la Garde côtière [CANADA]
in the National Guard	dans la Garde nationale
on an aircraft carrier	sur un porte-avions
on a submarine	sur/dans un sous-marin
He was a private.	C'était un simple soldat.
an officer	un officier
a general	un général
a colonel	un colonel
a sailor	un marin, un matelot
an admiral	un amiral
a bomber pilot	un pilote de bombardier

Political problems / Des problèmes politiques

This year there was a crisis.	Cette année il y a eu une crise.
an assassination attempt	un attentat
a coup d'état	un coup d'état
a lot of corruption	beaucoup de corruption
a repeal of tax loopholes	une abrogation des niches fiscales
a riot	une émeute
a scandal	un scandale
a war	une guerre
a wave of resignations	une vague de démissions
This year there were riots.	Cette année il y a eu des émeutes.
demonstrations	des manifestations [une manifestation]
harsh decrees	des décrets sévères [un décret]
new laws	de nouvelles lois [une loi]
new taxes	de nouveaux impôts [un impôt]

Public opinion | L'opinion publique

to be for (in favor of) the proposed plan	être pour le plan proposé
to be against the proposed plan	être contre le plan proposé
to vote for (in favor of)	voter pour
to vote against	voter contre
the opposition	l'opposition [fem.]
the majority	la majorité
the minority	la minorité
to be in the majority	être en majorité
to be in the minority	être en minorité

Crime | La criminalité

People are worried about the increase in crime.	On s'inquiète de la montée de la criminalité.
in violence	de la violence
There are many kidnappings.	Il y a beaucoup de kidnappings.
armed robberies	de vols à main armée [un vol]
assaults, muggings	d'agressions [une agression]
murders	de meurtres [un meurtre]
rapes	de viols [un viol]
robberies, thefts	de vols
shoot-outs	de fusillades [une fusillade]

A complex society | Une société complexe

Our society has an ethnically diverse population.	Notre société a une population ethniquement diverse.
Immigration has changed society.	L'immigration a changé la société.
There are new minority groups.	Il y a de nouveaux groupes minoritaires.
The differences between the social classes are more and more striking.	Les différences entre les classes sociales sont de plus en plus frappantes.

Society's problems | Les problèmes de la société

People are worried about air pollution.	On s'inquiète de la pollution atmosphérique.
about the availability of firearms	de la disponibilité des armes à feu
about climate change	du changement climatique
about drug use	de l'usage des stupéfiants
about environmental pollution	de la pollution de l'environnement
about government intrusion into private life	de l'atteinte du gouvernement à la vie privée

>>>

>>>

about human trafficking	de la traite des êtres humains
about unfair law enforcement	de l'application injuste de la loi
about noise pollution	des nuisances sonores
about terrorism	du terrorisme
about unemployment	du chômage
about water pollution	de la pollution de l'eau

Positive values / Les valeurs positives

You should show that you have personal dignity.	Il faut faire preuve de dignité personnelle.
compassion	de compassion [fem.]
courage	de courage [masc.]
diligence	de diligence [fem.]
generosity	de générosité [fem.]
honesty	d'honnêteté [fem.]
loyalty	de fidélité [fem.]
an open mind	d'un esprit ouvert
perseverance	de persévérance [fem.]
self-knowledge	de connaissance de soi [une connaissance]
self-respect	de respect pour soi-même [un respect]
serenity	de sérénité [fem.]
solidarity	de solidarité [fem.]
Tolerance is important in life.	La tolérance est importante dans la vie.
Gratitude	La reconnaissance
Justice	La justice
Kindness	La gentillesse
Moderation	La modération
Responsibility	La responsabilité
Restraint	La retenue

Negative values / Les valeurs négatives

Selfishness is a negative value.	L'égoïsme est une valeur négative.
Avarice	L'avarice [fem.]
Contempt for others	Le mépris des autres
Deceitful behavior	La tromperie
Hypocrisy	L'hypocrisie [fem.]
Jealousy	La jalousie

Pour parler un français authentique

The children of immigrants integrate into French society.	Les enfants des immigrés s'intègrent à la société française.
Education improves one's chances of social mobility.	L'éducation améliore les chances de mobilité sociale.
The French president is elected for five years.	Le président de la République est élu pour cinq ans.
He can be elected to a second term.	Son mandat est renouvelable.
The term of a French senator is six years.	Le mandat d'un sénateur français est de six ans.
The term of a French representative is five years.	Le mandat d'un député français est de cinq ans.

Proverbes, expressions et citations

«Après moi, le déluge.»

Often attibuted to MADAME DE POMPIDOUR, 17th century

«L'État, c'est moi.»

Usually attributed to KING LOUIS XIV

«Les peuples veulent l'égalité dans la liberté et, s'ils ne peuvent l'obtenir, ils la veulent encore dans l'esclavage.»

ALEXIS DE TOQUEVILLE, *De la démocratie en Amérique*

«Toute société que prétend assurer aux hommes la liberté doit commencer par leur garantir l'existence.»

LÉON BLUM, elected Prime Minister of France on three different occasions

«Gouverne le mieux qui gouverne le moins.»

LAO TSU

«Il faut s'attendre à tout en politique, où tout est permis, sauf de se laisser surprendre.»

CHARLES MAURRAS

Exercice 80

Complete each phrase so that it expresses the meaning of the English phrase.

1. *a military dictatorship*   une _____ militaire

2. *a welfare state*   un état _____

3. *freedom of movement*   la liberté de _____

4. *the rise in crime*   la _____ de la criminalité

5. *a bill (proposal for a law)*   un _____ de loi

6. *self-knowledge*   la _____ de soi

7. *tax loophole*   une _____ fiscale

8. *freedom of speech*   la liberté d'_____

9. *Department of Labor*   le Ministère du _____

10. *air pollution*   la pollution _____

11. *by secret ballot*   à _____ secret

12. *climate change*   le _____ climatique

13. *the Air Force*   l'_____ de l'air

14. *a town councilor*   un _____ municipal

15. *city hall*   l'_____ de ville

16. *freedom of thought*   la liberté de _____

17. *the judiciary*   le pouvoir _____

18. *a bomber pilot*   un pilote de _____

19. *armed robbery*   un vol _____

20. *noise pollution*   des _____ sonores

Exercice 81

Select the verb from the following list that forms an expression or phrase with each of the noun phrases that follows.

prendre   s'intégrer   servir   soumettre   dépouiller
faire   s'inquiéter   amender   être   se présenter

1. _____ une motion de censure

2. _____ aux élections

3. _____ du chômage

4. _____ une décision

5. _____ la constitution

6. _____ dans la Marine

7. _____ le scrutin

8. _____ son service militaire

9. _____ à la société française

10. _____ en minorité

Exercice 82

Match each word in the first column with its antonym in the second column.

1. _____ dictature   a. droite
2. _____ monarchie   b. tromperie
3. _____ conservatisme   c. démocratie
4. _____ gauche   d. contre
5. _____ simple soldat   e. république
6. _____ pour   f. progressisme
7. _____ avarice   g. officier
8. _____ fidélité   h. générosité

Exercice 83

Match each word in the first column with its synonym in the second column.

1. _____ assemblé nationale   a. suffrage
2. _____ président   b. député
3. _____ cour   c. matelot
4. _____ représentant   d. mairie
5. _____ bulletin   e. congrès
6. _____ droit de vote   f. scrutin
7. _____ hôtel de ville   g. chef d'État
8. _____ marin   h. pouvoir judiciaire

Exercice 84

Using the vocabulary in this chapter, discuss the following topics in French.

1. **Le gouvernement.** Describe the type of government in your country. What are the different branches of government? What does each one do? What are elections like? What parties are there?

   _____

   _____

   _____

   _____

   _____

   _____

   _____

   _____

2. **La société.** What problems of society worry you the most? What should be done to solve them? What departments of government should be called upon in each case?

   _____

   _____

   _____

   _____

   _____

   _____

   _____

3. **J'admire/Je n'admire pas...** What do you admire in people? What do you not like? What values do you think are important?

   _____

   _____

   _____

   _____

   _____

   _____

   _____

   _____

Exercice 85

Translate the following sentences into French.

1. *In the congress, there is a senate and a house of representatives.*

   _____

   _____

2. *There are debates and the representatives propose bills.*

   _____

   _____

3. *The president is elected for four years and can be elected for a second term.*

   _____

   _____

4. *A good head of state knows that justice is important.*

   _____

   _____

5. *I did my military service. I served in the Army.*

   _____

6. *The constitution guarantees freedom of opinion and freedom of the press.*

   _____

   _____

7. *I think he's going to vote for the Green Party.*

   _____

8. *He's worried about environmental pollution.*

   _____

9. *If you (vous) are old enough to vote, you can go to the polls.*

   _____

   _____

10. *Each voter submits a ballot.*

   _____

   _____

14

La vie intellectuelle et la vie spirituelle
Intellectual life and spiritual life

This chapter presents vocabulary for talking about your intellectual pursuits, philosophy, religion, and the relationship between thought and language. You will be able to discuss your favorite books, as well as important existential questions.

Reading	**La lecture**
I like to read works of fiction.	J'aime lire les œuvres de fiction.
adventure novels	les romans d'aventure [un roman]
children's literature	la littérature pour enfants
comics, comic strips	les bandes dessinées [une bande]
detective novels	les romans policiers
e-magazines	les e-zines [un e-zine]
fairy tales	les contes de fées [un conte]
the great works of world literature	les grandes œuvres de la littérature mondiale [une œuvre]
historical novels	les romans historiques
horror novels	les romans d'horreur/d'épouvante
humorous books	les livres humoristiques [un livre]
masterpieces	les chefs-d'œuvre [un chef-d'œuvre]
mystery novels	les romans policiers
mythology	de la mythologie
plays	les pièces de théâtre [une pièce]
poetry	de la poésie
satire	des satires [une satire]
science fiction	de la science-fiction
short stories	les contes
I prefer to read nonfiction.	Je préfère lire la littérature non-romanesque.
articles about current events	les articles sur l'actualité [un article]
autobiographies	les autobiographies [une autobiographie]
biographies	les biographies [une biographie]
cookbooks	les livres de cuisine [un livre]

>>>

editorials	les éditoriaux [un éditorial]
essays	les essais [un essai]
first-hand accounts	les témoignages [un témoignage]
history books	les livres d'histoire
literary criticism	la critique littéraire
magazines	des revues [une revue]
newspapers	des journaux [un journal]
the op-ed page	la tribune libre
professional journals	des revues professionnelles
reference books	des ouvrages de référence [un ouvrage]
textbooks	les manuels scolaires [un manuel]
travel books	les récits de voyage [un récit]

Note the pattern used in **conseiller à quelqu'un de faire quelque chose** *to advise someone to do something.* The word representing the person advised is an indirect object.

I advise him to look at the catalogue.	Je lui conseille de regarder le catalogue.
the almanac	l'almanach [masc.]
the anthology	l'anthologie [fem.]
the atlas	l'atlas [masc.]
the dictionary	le dictionnaire
the encyclopedia	l'encyclopédie [fem.]
the guidebook	le guide (touristique)
the manual	le manuel
the paper/essay	la dissertation
the report	le rapport, le compte-rendu
the thesaurus	le dictionnaire des synonymes
the thesis	la thèse
the treatise	le traité

Literary genres and forms — Les genres et les formes littéraires

comedy	la comédie
drama	le drame
myth	le mythe
novel	le roman
novella	la nouvelle, le roman court
poem	le poème

romance	le roman d'amour, l'histoire sentimentale [une histoire]
satire	la satire
short story	le conte
speech	le discours
tragedy	la tragédie
tragicomedy	la tragicomédie

Elements of a literary work — Les éléments d'une œuvre littéraire

I love the dialogue.	J'adore le dialogue.
the antagonist	l'antagoniste [masc.]
the characters	les personnages [un personnage]
the description	la description
the ending	la fin
the figures of speech	les figures de style [une figure]
the imagery	les images [une image]
the ironic tone, the irony	l'ironie [fem.]
the literary/rhetorical devices	les techniques littéraires [une technique]
the metaphors	les métaphores [une métaphore]
the narrative frame	le récit-cadre, le récit enchâssant
the narrator	le narrateur / la narratrice
the outcome, the ending	le dénouement
the plot	l'intrigue [fem.]
the point of view	le point de vue
the protagonist, the main character	le protagoniste
the similes	les comparaisons [une comparaison]
the story	l'histoire [fem.], le récit
the structure	la structure
the style	le style
the theme	le thème
the tropes	les tropes [un trope]

Men and women of letters — Les littéraires

What do you think of the author?	Que pensez-vous de l'auteur?
the biographer	le/la biographe
the essayist	l'essayiste [masc./fem.]
the journalist	le/la journaliste
the man of letters	le littéraire, le lettré
the woman of letters	la littéraire, la lettrée
the novelist	le romancier / la romancière

>>>

>>>

the playwright	le/la dramaturge
the poet	le poète / la poétesse
the short story writer	le/la nouvelliste
the writer	l'écrivain/l'écrivaine

Intellectual pursuits — L'activité intellectuelle

We love <u>to read</u>.	On aime beaucoup <u>lire</u>.
to attend lectures	assister à des conférences
to give a speech at a conference	faire un discours lors d'une conférence
to join a reading group/club	devenir membre d'un cercle de lecture
to listen to music	écouter de la musique
to participate in a playwriting workshop	participer à un atelier de dramaturgie
to do research on an unfamiliar topic	faire des recherches sur un sujet mal connu
to study languages abroad	étudier des langues à l'étranger
to take classes at the university	suivre des cours à l'université
to take classes online	suivre des cours en ligne
to teach a class in continuing education	enseigner un cours du soir
to visit museums	visiter des musées
to write poetry	écrire des vers, écrire de la poésie

In French, all words ending in **-isme** are masculine.

Philosophy — La philosophie

abstraction	l'abstraction [fem.]
aesthetics	l'esthétisme
Aristotelianism	l'aristotélisme
causality	la causalité
concept	le concept
cynicism	le cynisme
determinism	le déterminisme
dialectics	la dialectique
empiricism	l'empirisme
epistemology	l'épistémologie [fem.]
ethics	l'éthique [fem.]
existentialism	l'existentialisme
hedonism	l'hédonisme

idealism	l'idéalisme
irrationalism	l'irrationalisme
knowledge	les connaissances [fem. pl.]
logic	la logique
metaphysics	la métaphysique
morality	la moralité
nihilism	le nihilisme
Platonism	le platonisme
positivism	le positivisme
pragmatism	le pragmatisme
skepticism	le scepticisme
solipsism	le solipsisme
spiritualism	le spiritualisme
stoicism	le stoïcisme
transcendentalism	le transcendantalisme
utilitarianism	l'utilitarisme
cynical	cynique
ethical	éthique, moral/morale
idealistic	idéaliste
logical	logique
metaphysical	métaphysique
philosophical	philosophique
pragmatic	pragmatique
skeptical	sceptique
stoical	stoïque
utilitarian	utilitaire

Our existential questions   Nos questions existentielles

What do we think about?	Sur quoi réfléchissons-nous?
We think about <u>life</u>.	Nous réfléchissons sur <u>la vie</u>.
beauty	la beauté
concepts	les concepts [un concept]
death	la mort
evil	le mal
fate	le sort
free will	le libre arbitre
the good	le bien
human existence	l'existence humaine [une existence]
ideas	les idées [une idée] >>>

immortality	l'immortalité [fem.]
the knowable	le connaissable
knowledge	la connaissance, le savoir
the mind	l'esprit [masc.]
mortality	la mortalité
mystery of life	le mystère de la vie
perception	la perception
reality	la réalité
reason	la raison
truth	la vérité

to be, to exist	être, exister
to intuit	savoir intuitivement, deviner, ressentir
to perceive	percevoir
to reason	raisonner
to reflect (on), to think (about), to ponder	réfléchir (sur)

Why are we here?	Pourquoi sommes-nous ici?
What is reality?	Qu'est-ce que la réalité?
What's the purpose of life?	Quel est le but de la vie?
We human beings try to understand the meaning of life.	Nous autres les êtres humains, nous essayons de comprendre le sens de la vie.
We seek rational understanding of the world.	On cherche la compréhension rationnelle du monde.

In French, words ending in **-tion** and **-sion** are feminine.

How do we express our thoughts?   Comment exprimons-nous nos pensées?

clause	la proposition
communication	la communication
expression	l'expression
grammar	la grammaire
letter	la lettre
lexicon	le lexique
meaning	le sens, la signification
phrase	la locution, l'expression
semantics	la sémantique
semiotics	la sémiotique

sentence	la phrase
vocabulary	le vocabulaire
word	le mot

In French, many impersonal expressions, such as those conveying the idea of necessity, desire, compulsion, opinion, or emotion, are followed by clauses in which the verb is in the subjunctive. A common impersonal expression requiring the subjunctive is **il faut que** *one must, it is necessary that*. The present subjunctive forms of **être** *to be* are **que je sois, que tu sois, qu'il/elle/on soit, que nous soyons, que vous soyez, qu'ils/elles soient**.

It's necessary that the language be <u>clear</u>.	Il faut que le langage soit <u>clair</u>.
comprehensible	compréhensible
correct	correct
direct	direct
eloquent	éloquent
expressive	expressif
intelligible	intelligible
precise	précis
It's bad that the language is <u>unclear</u>.	Il est mauvais que le langage soit <u>confus</u>.
ambiguous	ambigu
cryptic	énigmatique
incomprehensible	incompréhensible
unintelligible	inintelligible
We communicate by means of sounds, symbols, signs, and gestures.	Nous communiquons par les sons, les symboles, les signes et les gestes.
The meaning of the message is conveyed through context.	Le sens du message est exprimé à travers le contexte.
We try to grasp the subtleties of the language.	Nous essayons de saisir les subtilités du langage.
The English writing system uses the letters of the Latin alphabet.	Le système d'écriture de l'anglais emploie les lettres de l'alphabet latin.
alphabet	l'alphabet [masc.]
illiteracy	l'analphabétisme
literacy rate	le taux d'alphabétisation

In French, the names of religions begin with lowercase letters, unlike English.

Religions and doctrines

Les religions et les doctrines

agnosticism	l'agnosticisme
Anglicanism	l'anglicanisme
anti-Semitism	l'antisémitisme
asceticism	l'ascétisme
atheism	l'athéisme
Bahaism	la foi bahá'íe
Buddhism	le bouddhisme
Catholicism	le catholicisme
Christendom	la chrétienté
Christianity (religion)	le christianisme
Confucianism	le confucianisme
creationism	le créationnisme
deism	le déisme
ecumenicism	l'œcuménisme
Episcopalianism	l'épiscopalisme
fundamentalism	l'intégrisme
Hinduism	l'hindouisme
humanism	l'humanisme
Islam	l'islam [masc.]
Judaism	le judaïsme
Lutheranism	le luthéranisme
Methodism	le méthodisme
monasticism	le monachisme
monotheism	le monothéisme
Mormonism	le mormonisme
mysticism	le mysticisme
orthodoxy	l'orthodoxie [fem.]
paganism	le paganisme
pantheism	le panthéisme
polytheism	le polythéisme
Protestantism	le protestantisme
Quakerism	le quakerisme
Shintoism	le shintoïsme
Taoism	le taoïsme
theism	le théisme

People and religion

archbishop	l'archevêque [masc.]
atheist	l'athée [masc./fem.]
Baptist	le/la baptiste
bishop	l'évêque [masc.]
Buddhist	le/la bouddhiste
Catholic (Roman Catholic)	le/la catholique (catholique romain/romaine)
clergy	le clergé
congregant	le/la fidèle
congregation	la congrégation
denomination	la confession
heretic	l'hérétique [masc./fem.]
Hindu	l'hindou [masc./fem.]
imam	l'imam [masc.]
Jesus Christ	Jésus-Christ
Jew	le juif / la juive
minister	le pasteur
missionary	le/la missionnaire
Mohammed	Mahomet
monk	le moine
Moses	Moïse
muezzin	le muezzin
mullah	le mollah
Muslim	le musulman / la musulmane
nun	la bonne sœur, la religieuse
pastor	le pasteur
Pope	le Pape
preacher	le pasteur, le prédicateur
priest	le curé, le prêtre
Protestant	le protestant / la protestante
rabbi	le rabbin
saint	le saint / la sainte
sect	la secte

Practices and beliefs · Les pratiques et les croyances

angel	l'ange [masc.]
baptism	le baptême
belief	la croyance
believer	le croyant / la croyante

the beyond	l'au-delà [masc.]
the Bible	la Bible
cathedral	la cathédrale
chapel	la chapelle
charity	la charité
church	l'église [fem.]
communion	la communion
confession	la confession
conscience	la conscience
crescent moon and star (symbol of Islam)	le croissant et l'étoile
cross	la croix
destiny	le destin
divine	divin/divine
dogma	le dogme
faith	la foi
forgiveness	le pardon
God	Dieu
the Gospel	l'Évangile [masc.]
hagiography	l'hagiographie [fem.]
heaven	le ciel
the Hebrew Bible	la Bible hébraïque
hell	l'enfer [masc.]
heresy	l'hérésie [fem.]
holy, sacred	sacré/sacrée, saint/sainte
the Holy Land	la Terre Sainte
the Holy Spirit	le Saint-Esprit
the Koran	le Coran
mass	la messe
miracle	le miracle
mosque	la mosquée
the New Testament	le Nouveau Testament
the Old Testament	l'Ancien Testament
piety	la piété
practicing, observant	pratiquant/pratiquante
prayer	la prière
prayer book	le livre de prières
psalm	le psaume
redemption	la rédemption
repentance	le repentir
rosary	le chapelet

sacrilege	le sacrilège
sermon	le sermon
service	l'office [masc.]
sin	le péché
soul	l'âme [fem.]
stained glass window	le vitrail
star of David	l'étoile de David [une étoile]
synagogue	la synagogue
the Talmud	le Talmud
temple	le temple
the Ten Commandments	les dix commandements
theology	la théologie
Torah	la Torah
the Trinity	la Trinité
to baptize, to christen	baptiser
to believe	croire
to commit a sin	commettre un péché
to confess	confesser
to pardon	pardonner
to practice (a religion)	pratiquer (une religion)
to pray	prier
to repent	repentir
to sin	pécher
to take communion	recevoir la (sainte) communion
to worship, to worship God	adorer Dieu

Judaism, Christianity, and Islam are monotheistic religions.	Le judaïsme, le christianisme et l'islam sont des religions monothéistes.
They are known as Abrahamic religions because they trace their origin to the patriarch Abraham.	On les connaît comme des religions abrahamiques parce qu'ils font remonter leur origine au patriarche Abraham.

Pour parler un français authentique

Why do bad things happen to good people?	Pourquoi est-ce que le mal frappe les bons?
Philosophy and religion deal with existential questions: existence, God, good and evil.	La philosophie et la religion traitent des questions existentielles: l'existence, Dieu, le bien et le mal.

For Aristotle, God is the Unmoved Mover or Prime Mover. He is the first Greek philosopher who conceives of God in the singular.	Pour Aristote, Dieu est le moteur immobile ou le premier moteur. C'est le premier philosophe grec qui conçoit Dieu au singulier.
The writings of Saint Thomas Aquinas are a synthesis of reason and faith that tries to reconcile Catholic theology with the ideas of Aristotle.	L'œuvre de Saint Tomas d'Aquin est une synthèse de la raison et la foi qui essaie de concilier la théologie catholique et les idées d'Aristote.
Rabbi Solomon of Troyes, known as Rashi, is the author of a commentary on the Bible and the Talmud. He was born in 1040.	Le rabbin Salomon de Troyes, connu comme Rachi, est l'auteur d'un commentaire sur la Bible et le Talmud. Il est né en mille quarante.
The Hebrew Bible was written in Hebrew and Aramaic. The Gospels were written in Greek.	La Bible hébraïque a été écrite en hébreu et en araméen. Les Évangiles ont été écrits en grec.
Dante's The Divine Comedy *has three parts: Hell, Purgatory, and Heaven.*	*La (Divine) Comédie de Dante* est divisée en trois parties: l'Enfer, le Purgatoire et le Paradis.
Some creationists believe in intelligent design.	Il y a des créationnistes qui croient au dessein intelligent.
May God bless you.	Que Dieu vous bénisse.

Proverbes, expressions et citations

«Un esprit sain dans un corps sain.»
  JUVENAL

«*Cogito ergo sum.* Je pense, donc je suis.»
  DESCARTES

«Le commencement de toutes les sciences, c'est l'étonnement de ce que les choses sont ce qu'elles sont.»
  ARISTOTE

«La seule vraie sagesse est de savoir que vous ne savez rien.»
  SOCRATES

«Les vices d'autrefois sont devenus les mœurs d'aujourd'hui.»
  SÉNÈQUE

«L'ignorant affirme, le savant doute, le sage réfléchit.»
  ARISTOTE

«Le cœur a ses raisons que la raison ne connaît point.»
  BLAISE PASCAL

«La vie n'est en soi ni bien ni mal: c'est la place du bien et du mal selon que vous la leur faites.»

MICHEL EYQUEM DE MONTAIGNE

«Être ou ne pas être: telle est la question.»

SHAKESPEARE

«Ce n'est pas la violence, mais le bien qui supprime le mal.»

LÉON TOLSTOÏ

«Plaisir d'amour ne dure qu'un moment. Chagrin d'amour dure toute la vie.»

JEAN-PIERRE CLARIS DE FLORIAN

«La connaissance de l'homme ne saurait s'étendre au-delà de sa propre expérience.»

JOHN LOCKE

«Entre ‹Dieu existe› et ‹Dieu n'existe pas› s'étend tout un champ immense que traverse à grand-peine le vrai sage.»

ANTON TCHEKHOV

«Ceux qui écrivent clairement ont des lecteurs, ceux qui écrivent obscurément ont des commentateurs.»

ALBERT CAMUS

«La liberté signifie la responsabilité. C'est pourquoi la plupart des hommes la craignent.»

GEORGE BERNARD SHAW

«Chaque homme doit inventer son chemin.»

JEAN-PAUL SARTRE

«Tout ce qui est rationnel est réel; tout ce qui est réel est rationnel.»

GEORG HEGEL

«Nous échouons à traduire entièrement ce que notre âme ressent: la pensée demeure incommensurable avec le langage.»

HENRI BERGSON

«Le véritable but de novlangue (*Newspeak*) est de restreindre les limites de la pensée... Moins le choix (des mots) est étendu, moindre est la tentation de réfléchir...»

GEORGE ORWELL

Exercice 86

Complete each phrase so that it expresses the meaning of the English phrase.

1. *a fairy tale* _____ de fées

2. *a reference work* _____ de référence

3. *free will* le libre _____

4. *a playwriting workshop* _____ de dramaturgie

5. *the meaning of life* _____ de la vie

6. *the subtleties of the language* _____ du langage

7. *the Latin alphabet* _____ latin

8. *the narrative frame* _____ enchâssant

9. *this prayer book* ce livre _____

10. *the Holy Land* _____ Sainte

11. *to take courses* _____ des cours

12. *the monotheistic religions* _____ monothéistes

13. *comic strips* les bandes _____

14. *figures of speech* les figures du _____

15. *good and evil* le bien et _____

16. *the Prime Mover* le premier _____

17. *a reading group* _____ de lecture

18. *this writing system* ce système _____

19. *a romantic novel* _____ d'amour

20. *textbook* _____ scolaire

Exercice 87

Match each item in the first column with the item in the second column that is related to it.

1. _____ Rachi   a. la foi et la raison

2. _____ muezzin   b. l'Évêque de Rome

3. _____ hagiographie   c. croyance dans un seul Dieu

4. _____ la Trinité   d. savant de la Torah

5. _____ le Pape   e. la vie des saints

6. _____ homme du clergé musulman   f. secte protestante

7. _____ Saint Thomas d'Aquin   g. patriarche hébreu

8. _____ monothéisme   h. le Père, le Fils et le Saint-Esprit

9. _____ les luthériens   i. imam

10. _____ Abraham   j. appelle à la prière

Exercice 88

Choose the word that does not belong in each group.

1. a. roman   b. conte   c. ouvrage de référence   d. poème   e. pièce de théâtre

2. a. église   b. synagogue   c. mosquée   d. cathédrale   e. vitrail

3. a. déisme   b. analphabétisme   c. polythéisme   d. théisme   e. monothéisme

4. a. curé   b. évêque   c. lettré   d. pape   e. prêtre

5. a. moine   b. juif   c. catholique   d. hindou   e. protestant

6. a. thème   b. dénouement   c. personnage   d. argument   e. péché

7. a. ciel   b. sort   c. enfer   d. l'au-delà   e. le purgatoire

8. a. métaphysique   b. logique   c. épistémologie   d. dramaturgie   e. esthétique

Exercice 89

Select the verb that correctly completes each sentence.

1. Le contexte _____ le sens du message. (pratique / exprime)

2. Le lecteur _____ les subtilités du langage. (saisit / confesse)

3. Que Dieu vous _____. (perçoive / bénisse)

4. Les prêtres _____ sur le bien et le mal. (réfléchissent / croient)

5. Los fidèles _____ Dieu. (adorent / pardonnent)

6. Elle _____ ses péchés devant le prêtre. (confesse / prie)

7. Quelles religions est-ce qu'on _____ dans ce pays? (devine / pratique)

8. Ce professeur _____ des cours du soir. (enseigne / écrit)

9. Le jeune couple _____ la communion. (reçoit / visite)

10. Beaucoup d'écrivains _____ à cet atelier. (lisent / participent)

Exercice 90

Give the noun phrase (definite article + noun) found in this chapter that is derived from each of the following verbs.

1. comprendre   _____   9. croire   _____

2. pardonner   _____   10. exister   _____

3. signifier   _____   11. pécher   _____

4. prier   _____   12. décrire   _____

5. raisonner   _____   13. critiquer   _____

6. confesser   _____   14. vivre   _____

7. finir   _____   15. percevoir   _____

8. baptiser   _____

Exercice 91

Unscramble the letters in each item to create a word found in this chapter.

1. artltriueté   _____   6. ncisaonlebas   _____

2. qnaiuartpt   _____   7. geliiserue   _____

3. ahtlcepe   _____   8. onsamhiecm   _____

4. gonotliaeh   _____   9. mroectetm   _____

5. tmiaqniugée   _____   10. datlaérceh   _____

Exercice 92

Respond in French as specified for each of the following situations.

1. Analyze a book you have read, identifying its genre and talking about the author and the literary elements in the work. Tell why you liked the work.

_____

_____

_____

_____

_____

_____

2. Describe one of the philosophies mentioned in the chapter, and tell why it interests you.

_____

_____

_____

_____

_____

3. Discuss your religion, how you practice it, and its significance in your life. If you do not practice a religion, explain why you choose not to.

_____

_____

_____

_____

_____

_____

Exercice 93

Translate the following sentences into French.

1. *The priest, the bishop, and the archbishop are in the cathedral.*

_____

_____

2. *The members of the book club like to read historical novels and short stories.*

_____

_____

3. *We participated in a poetry workshop and attended lectures given* (données) *by famous poets.*

_____

_____

4. *This author's language is ambiguous and incomprehensible.*

_____

_____

5. *He has a pragmatic and cynical point of view.*

_____

6. *Many human beings think about the mystery of life and try to understand the purpose of life.*

_____

_____

7. *I hope they can get the subtleties of the speech.*

_____

8. *Lutheranism and Methodism are denominations of Protestantism.*

_____

9. The Divine Comedy *was written in Italian.*

_____

10. *The minister baptized the child in the village church.*

_____

_____

15

Comment comprendre le monde: la nature et les sciences

How to understand the world: nature and science

In this chapter, you will learn the French terms for the sciences and mathematics, the innovators and the scientists. You will also be introduced to the natural world through the names of animals and plants. The vocabulary you learn will enable you to talk about the greatest discoveries and inventions of humankind.

There are many **mots apparentés** *cognates* in this chapter, most of them international words shared by English and French that are formed from Greek and Latin roots, for example, **biologie** *biology* and **géographie** *geography*. The gender of words for nearly all the sciences (as well as the word **la science** *science*) is feminine.

Physical sciences	**Les sciences physiques**
We should study chemistry.	Il faut étudier la chimie.
astronomy	l'astronomie [fem.]
geography	la géographie
geology	la géologie
meteorology	la météorologie
physics	la physique

Biological sciences	**Les sciences biologiques**
I'm studying biology.	Je fais de la biologie.
anatomy	de l'anatomie [fem.]
biochemistry	de la biochimie
botany	de la botanique
medicine	de la médecine
paleontology	de la paléontologie
physiology	de la physiologie
psychology	de la psychologie
zoology	de la zoologie

French has two words for *engineering*: **l'ingénierie** and **le génie**. **L'ingénierie** refers to engineering as a university discipline. Most engineering specialties are referred to with the word **le génie**.

Engineering and technical sciences	**L'ingénierie et les sciences techniques**
He's interested in biotechnology.	Il s'intéresse à la biotechnologie.
in aeronautics	à l'aéronautique [fem.]
in astronautics	à l'astronautique [fem.]
in biological engineering	au génie génétique
in chemical engineering	au génie chimique
in chronometry	à la chronométrie
in cognitive science	aux sciences cognitives [une science]
in computer science	à l'informatique [fem.]
in Earth sciences	aux sciences de la Terre
in ecology	à l'écologie [fem.]
in electrical engineering	au génie électrique
in environmental sciences	aux sciences de l'environnement
in geoscience	aux géosciences
in mechanical engineering	au génie mécanique
in microscopy	à la microscopie
in radiology	à la radiologie
in robotics	à la robotique
in systems	aux systèmes [un système]

Scientific research	**Les recherches scientifiques**
analysis	l'analyse [fem.]
classification	la classification
conclusion	la conclusion
control	le contrôle
data	les données [une donnée]
discovery	la découverte
empirical-analytical method	la méthode d'analyse empirique
experiment	l'expérience [fem.]
formula	la formule
hypothesis	l'hypothèse [fem.]
laboratory	le laboratoire
observation	l'observation [fem.]
proof	la preuve

quantification	la quantification
result	le résultat
scientific method	la méthode scientifique
test	l'essai [masc.], l'analyse [fem.]
theory	la théorie
to analyze	analyser
to classify	classifier
to conclude	conclure
to control	contrôler, vérifier
to discover	découvrir
to experience	expérimenter
to experiment, to test	tester
to formulate	formuler
to hypothesize	formuler une hypothèse, faire l'hypothèse (que)
to observe	observer
to prove	prouver
to quantify	quantifier
to research something	faire des recherches sur quelque chose
to test, to do a test	tester
to work as a team	travailler en équipe

Mathematics   **Les mathématiques**

accounting	la comptabilité
addition	l'addition [fem.]
algebra	l'algèbre [masc.]
angle	l'angle [masc.]
area	la superficie
arithmetic	l'arithmétique [fem.]
calculus	le calcul
digital	numérique
dimension	la dimension
division	la division
econometrics	l'économétrie [fem.]
equation	l'équation [fem.]
Euclidean geometry	la géométrie euclidienne
an even number	un nombre pair
form, shape	la forme
fraction	la fraction
function	la fonction

geometry	la géométrie
hypotenuse	l'hypoténuse [fem.]
infinity	l'infini [masc.]
logic	la logique
mathematics	les mathématiques [fem. pl.], les maths [fem. pl.]
minus sign (−)	le signe moins
multiplication	la multiplication
multiplication table	la table de multiplication
negative number	le nombre négatif
number	le nombre, le chiffre, le numéro
odd number	le nombre impair
operation	l'opération [fem.]
percentage	le pourcentage
plus sign (+)	le signe plus
probability	la probabilité
problem	le problème
proof (*mathematics*)	la démonstration
ratio	le rapport, le taux, le coefficient
shape	la forme
solution	la solution
statistics	la statistique
subtraction	la soustraction
symbol	le symbole
theorem	le théorème
trigonometry	la trigonométrie
zero	le zéro
to add	additionner
to calculate, to work out	calculer
to divide	diviser
to measure	mesurer
to multiply	multiplier
to reason	raisonner
to solver	résoudre
to subtract	soustraire

Shapes

Les formes

circle	le cercle
helix	l'hélice [fem.]
rectangle	le rectangle

sphere	la sphère
spiral	la spirale
square	le carré
triangle	le triangle

Physics, chemistry, and biology — La physique, la chimie et la biologie

acid	l'acide [masc.]
atom	l'atome [masc.]
base	la base
catalyst	le catalyseur
cell	la cellule
chaos theory	la théorie du chaos
chemical equation	l'équation chimique [une équation]
compound	le composé
condensation	la condensation
element	l'élément [masc.]
energy	l'énergie [fem.]
gas	le gaz
germ	le microbe, le germe
law of conservation of energy	la loi de la conservation de l'énergie
law of conservation of matter	la loi de la conservation de la matière
law of gravity	la loi de la gravité
liquid	le liquide
mass	la masse
matter	la matière
microorganism	le micro-organisme
molecule	la molécule
nucleus	le noyau
organism	l'organisme [masc.]
periodic table	le tableau périodique
solid	le solide
symbol	le symbole
water	l'eau [fem.]
H_2O (two atoms of hydrogen + one atom of oxygen)	H_2O (deux atomes d'hydrogène + un atome d'oxygène)

Inventions and discoveries — Des inventions et des découvertes

abacus	le boulier
alphabet	l'alphabet [masc.]

analgesics	les analgésiques [un analgésique], les antalgiques [un antalgique]
anesthesia	l'anesthésie [fem.]
aspirin	l'aspirine [fem.]
battery	la pile, la batterie
calendar	le calendrier
cast iron	la fonte
clock	l'horloge [fem.]
compass	la boussole
computer	l'ordinateur [masc.]
dynamite	la dynamite
electric motor	le moteur électrique
electricity	l'électricité [fem.]
eyeglasses	les lunettes [fem. pl.]
fiber optics	la fibre optique
genetics	la génétique
germ theory	la théorie microbienne, la théorie pathogénique
germs	les microbes [un microbe], les germes [un germe], la bactérie
internal combustion engine	le moteur à combustion interne
lightbulb	l'ampoule [fem.]
lightning rod	le paratonnerre
microscope	le microscope
natural gas (fuel)	le gaz naturel (le combustible)
nuclear fission	la fission nucléaire
paper	le papier
pasteurization	la pasteurisation
penicillin	la pénicilline
phonograph	le tourne-disque
printing press	la presse d'imprimerie
pulley	la poulie
quantum mechanics	la mécanique quantique
radiography	la radiographie
radium (element)	le radium
sewing machine	la machine à coudre
steam engine	le moteur à vapeur
steamboat	le bateau à vapeur
stethoscope	le stéthoscope
telegraph	le télégraphe

telephone	le téléphone
telescope	le télescope
theory of electromagnetism	la théorie de l'électromagnétisme
theory of relativity	la théorie de la relativité
thermometer	le thermomètre
toilet	les toilettes [une toilette]
vaccines (against smallpox, polio, etc.)	les vaccins (contre la variole, la polio, etc.) [un vaccin]
wheel	la roue
writing	l'écriture [fem.]
zero	le zéro

Innovators and scientists — Les innovateurs et les scientifiques

archaeologist	l'archéologue [masc./fem.]
biochemist	le/la biochimiste
biologist	le/la biologiste
botanist	le/la botaniste
chemical engineer	l'ingénieur chimiste / l'ingénieure chimiste
chemist	le/la chimiste
computer scientist	l'informaticien / l'informaticienne
discoverer	le découvreur / la découvreuse
geneticist	le généticien / la généticienne
inventor	l'inventeur/l'inventrice
mathematician	le mathématicien / la mathématicienne
microbiologist	le/la microbiologiste
naturalist	le/la naturaliste
nuclear physicist	le physicien nucléaire / la physicienne nucléaire
paleontologist	le/la paléontologue, le/la paléontologiste
pathologist	le/la pathologiste
philosopher	le/la philosophe
physicist	le physicien / la physicienne
researcher	le chercheur / la chercheuse
thinker	le penseur / la penseuse

Geography and topography — La géographie et la topographie

altitude	l'altitude [fem.]
archipelago	l'archipel [masc.]
area	la région, la zone
boulder	le rocher
cape	le cap

climate	le climat
creek	le ruisseau
desert	le désert
elevation	l'altitude [fem.]
forest	la forêt
grass	l'herbe [fem.]
gulf	le golfe
hill	la colline
island	l'île [fem.]
jungle	le jongle
lake	le lac
land	la terre
latitude	la latitude
longitude	la longitude
mesa	la meseta, le plateau
mountain	la montagne
mountain range	la chaîne de montagnes
nature	la nature
ocean	l'océan [masc.]
peak	le sommet, la cime
peninsula	la péninsule
plateau	le plateau
rainforest	la forêt tropicale
ravine	le ravin
river	le fleuve, la rivière
sea	la mer
tableland	le plateau, le haut plateau
terrain	le terrain
valley	la vallée
waterfall	la chute d'eau, la cascade

Geology and mineralogy — La géologie y la minéralogie

aluminum	l'aluminium [masc.]
amber	l'ambre [masc.]
aquamarine	l'aigue-marine [fem.]
coal	le charbon
copper	le cuivre
diamond	le diamant
Earth's crust	la croûte terrestre

gold	l'or [masc.]
granite	le granit
graphite	le graphite
igneous rock	la roche ignée, la roche éruptive
iron	le fer
jade	le jade
lava	la lave
lead	le plomb
magma	le magma
minerals	les minéraux [un minéral]
Mohs' scale	l'échelle de Mohs [une échelle]
obsidian	l'obsidienne [fem.]
onyx	l'onyx [masc.]
opal	l'opale [fem.]
precious stone	la pierre précieuse
quartz	le quartz
rock (*boulder*)	le rocher
rock (*mass of stone in the earth*)	la roche
ruby	le rubis
sapphire	le saphir
sedimentary rock	la roche sédimentaire
silver	l'argent [masc.]
talcum	le talc
tin	l'étain [masc.]
topaz	la topaze
turquoise	la turquoise

The solar system
Le système solaire

asteroid	l'astéroïde [masc.]
center of gravity	le centre de gravité
comet	la comète
Earth	la Terre
eclipse	l'éclipse [fem.]
galaxy	la galaxie
meteorite	la météorite
Milky Way	la Voie Lactée
moon	la lune
orbit	l'orbite [fem.]

planet	la planète
Mercury	Mercure
Venus	Vénus
Earth	la Terre
Mars	Mars
Jupiter	Jupiter
Saturn	Saturne
Uranus	Uranus
Neptune	Neptune
satellite	le satellite
sun	le soleil
star	l'étoile [fem.]
universe	l'univers [masc.]

The Earth revolves around the sun.	La Terre gravite autour du soleil.
The Earth rotates on its axis.	La Terre tourne sur son axe.
Pluto is a dwarf planet.	Pluton est une planète naine.

The verb **se demander** *to wonder* is pronominal (see Chapter 7) and is often followed by **si** *if, whether*.

Social sciences   Les sciences sociales

I wonder if they've studied linguistics.	Je me demande s'ils ont fait de la linguistique.
anthropology	de l'anthropologie [fem.]
economics	de l'économie [fem.]
history	de l'histoire [fem.]
political science	des sciences politiques [une science]
sociology	de la sociologie

In French, many names of trees are masculine, while their fruit is usually feminine. The name of the tree is often formed with the suffix **-ier** or **-er**.

Trees, plants, and flowers   Les arbres, les plantes et les fleurs

acorn	le gland
almond tree	l'amandier [masc.]
apple tree	le pommier
azalea	l'azalée [fem.]
bark	l'écorce [fem.]
birch tree	le bouleau

bougainvillea	la bougainvillée
branch	la branche
bud	le bourgeon
bulb	le bulbe
bush	le buisson
carnation	l'œillet [masc.]
cedar tree	le cèdre
cherry tree	le cerisier
chestnut tree	le châtaignier
cypress tree	le cyprès
daffodil	la jonquille
dahlia	le dahlia
daisy	la pâquerette, la marguerite
dandelion	le pissenlit, la dent-de-lion
date palm tree	le dattier
elm tree	l'orme [masc.]
eucalyptus	l'eucalyptus [masc.]
fern	la fougère
fig tree	le figuier
garden	le jardin
geranium	le géranium
gladiolus	le glaïeul
grass	l'herbe [fem.]
hyacinth	la jacinthe
hydrangea	l'hortensia [masc.]
iris	l'iris [masc.]
jasmine	le jasmin
leaf	la feuille
lemon tree	le citronnier
lilac	le lilas
lily	le lis, le lys
lily of the valley	le muguet
magnolia	le magnolia
maple tree	l'érable [masc.]
mushroom	le champignon
narcissus	le narcisse
oak tree	le chêne
olive tree	l'olivier [masc.]
orchid	l'orchidée [fem.]
palm tree	le palmier

peach tree	le pêcher
pear tree	le poirier
petal	le pétale
pine cone	la pomme de pin
pine tree	le pin
poplar	le peuplier
poppy	le coquelicot
root	la racine
rose	la rose
sequoia	le séquoia
stem	la tige
sunflower	le tournesol
thorn	l'épine [fem.]
treetop	la cime de l'arbre
trunk	le tronc
tulip	la tulipe
vegetable garden	le (jardin) potager
vegetation	la végétation
violet	la violette
weeds	la mauvaise herbe
weeping willow	le saule pleureur

Domestic and farm animals — Les animaux domestiques et les animaux de la ferme

bull	le taureau
cat	le chat
chicken	le poulet
cow	la vache
dog	le chien
donkey	l'âne [masc.]
duck	le canard
goat	la chèvre
goose	l'oie [fem.]
hare	le lièvre
hen	la poule
horse	le cheval
lamb	l'agneau [masc.]
pig	le cochon
rabbit	le lapin
rooster	le coq

sheep	le mouton
turkey	le dindon

Insects

Les insectes

ant	la fourmi
bee	l'abeille [fem.]
beetle	la scarabée
bumblebee	le bourdon
butterfly	le papillon
cockroach	le cafard
cricket	le grillon
dragonfly	la libellule
firefly	la luciole
flea	la puce
fly	la mouche
grasshopper	la sauterelle
ladybug	la coccinelle
lice	les poux [un pou]
mosquito	la moustique
spider	l'araignée [fem.]
tick	la tique

Wild animals

Les animaux sauvages

alpaca	l'alpaga [masc.]
anteater	le fourmilier
bear	l'ours [masc.]
bison	le bison
buffalo	le buffle, le bison
camel	le chameau
cheetah	le guépard
chimpanzee	le chimpanzé
cougar	le cougar
coyote	le coyote
deer	le cerf, le chevreuil
elephant	l'éléphant [masc.]
fox	le renard
gazelle	la gazelle
giraffe	la girafe
gorilla	le gorille
grizzly bear	le grizzli, l'ours gris

hippopotamus	l'hippopotame [masc.]
hyena	la hyène
impala	l'impala [masc.]
jaguar	le jaguar
kangaroo	le kangourou
koala	le koala
leopard	le léopard
lion	le lion
llama	le lama
monkey	le singe
mountain lion, cougar	le puma
orangutan	l'orang-outan [masc.]
panda	le panda
panther	la panthère
polar bear	l'ours polaire, l'ours blanc
raccoon	le raton laveur
rhinoceros	le rhinocéros
seal	la phoque
skunk	la mouffette
tiger	le tigre
vicuna	la vigogne
walrus	le morse
weasel	la belette
wildcat, lynx	le lynx
wolf	le loup
zebra	le zèbre

Birds, rodents, fish, and reptiles — Les oiseaux, les rongeurs, les poissons et les reptiles

alligator	l'alligator [masc.]
barracuda	le barracuda
bat	la chauve-souris
beaver	le castor
bird	l'oiseau [masc.]
blackbird	le merle
blue jay	le geai bleu
boa constrictor	le boa constricteur
cardinal	le cardinal
chipmunk	le tamia, le suisse [CANADA]
cobra	le cobra

condor	le condor
crocodile	le crocodile
crow	le corbeau
dolphin	le dauphin
dove, pigeon	la colombe, le pigeon
eagle	l'aigle [masc.]
falcon	le faucon
flamingo	le flamant
frog	la grenouille
goldfinch	le chardonneret
guinea pig	le cochon d'Inde, le cobaye
hamster	le hamster
hawk	le faucon
hedgehog	le hérisson
hummingbird	le colibri
lizard	le lézard
mouse	la souris
orca, killer whale	l'orque [masc./fem.], l'épaulard [masc.]
ostrich	l'autruche [fem.]
owl	le hibou, la chouette
parrot	le perroquet
peacock	le paon
pelican	le pélican
penguin	le manchot, le pingouin
porcupine	le porc-épic
python	le python
quail	la caille
rat	le rat
rattlesnake	le serpent à sonnette
robin	le rouge-gorge
salmon	le saumon
scorpion	le scorpion
shark	le requin
snake	le serpent
sparrow	le moineau, le piaf
squirrel	l'écureuil [masc.]
swallow	l'hirondelle [fem.]
swan	le cygne
swordfish	l'espadon [masc.]
toad	le crapaud

toucan	le toucan
tuna	le thon
turtle	la tortue
viper	la vipère
vulture	le vautour
whale	la baleine
woodpecker	le pic

Paleontology — La paléontologie

carnivore	le carnivore
carnivorous	carnivore
dinosaur	le dinosaure
extinct	disparu
fossil	le fossile
fossil remains	les restes fossiles [un reste]
herbivore	l'herbivore [masc.]
herbivorous	herbivore
omnivore	l'omnivore [masc.]
omnivorous	omnivore
paleontologist	le/la paléontologue
skeleton	le squelette
the Stone Age	l'âge de pierre [un âge]
trace, remains	les restes [masc. pl.]
track	les empreintes [une empreinte]
Tyrannosaurus Rex	le tyrannosaure, le tyrannosaurus rex

Pour parler un français authentique

We try to understand the world around us.	Nous essayons de comprendre le monde qui nous entoure.
We human beings try to discover shapes and patterns in nature.	Nous autres, les êtres humains essayons de découvrir des formes et des motifs dans la nature.
In an ecosystem, living beings are in multiple relationships with each other and with their nonliving environment.	Dans un écosystème des êtres vivants sont en interrelations avec eux-mêmes et avec l'environnement non vivant.
The English naturalist Charles Darwin developed the theory of evolution by natural selection in nature.	Le naturaliste anglais Charles Darwin a développé la théorie de l'évolution basée sur l'idée de la sélection naturelle dans la nature.

The blue whale is an endangered species.	La baleine bleue est une espèce en voie de disparition.
The Greeks systematized empirical knowledge.	Les grecs ont systématisé les connaissances empiriques.

Proverbes, expressions et citations

happy as can be	heureux comme un poisson dans l'eau
hawks and doves (politics)	les faucons et les colombes
to enter the lion's den	se jeter dans la gueule du loup
to feel as fresh as a daisy	être frais comme un gardon [gardon *roach* (a type of fish)]
to fight like cats and dogs	être comme chien et chat
to give someone a warning / a heads-up	mettre la puce à l'oreille à quelqu'un
to have trouble making ends meet	manger de la vache enragée
to nourish a viper in one's bosom	nourrir une vipère dans son sein
to stir up trouble, to muddy the waters	soulever un lièvre
to take the bull by the horns	prendre le taureau par les cornes
Ill weeds grow apace.	Mauvaise herbe pousse toujours.
One swallow doesn't make a summer.	Une hirondelle ne fait pas le printemps.
That guy gives me the creeps.	Ce type me donne la chair de poule.

«Les mathématiques sont l'alphabet grâce auquel Dieu a écrit l'univers.»
   GALILEO GALILEI

«Le jour viendra où les personnes comme moi regarderont le meurtre des animaux comme ils regardent aujourd'hui le meurtre des êtres humains.»
   LEONARDO DA VINCI

«Les espèces qui survivent ne sont pas les espèces les plus fortes, ni les plus intelligentes, mais ceux qui s'adaptent le mieux aux changements.»
   CHARLES DARWIN

«Un mathématicien est un aveugle qui, dans une pièce sombre, cherche un chat noir qui n'y est pas.»
   ALBERT EINSTEIN

«Il y a une force motrice plus puissante que la vapeur, l'électricité et l'énergie atomique: la volonté.»
   ALBERT EINSTEIN

«Le meilleur médecin est la nature: elle guérit les trois quarts des maladies et ne dit jamais de mal de ses confrères.»
   LOUIS PASTEUR

«J'étais comme un petit garçon jouant sur le rivage, et qui de temps en temps, s'amusait à trouver un petit galet, peut-être un peu plus lisse, ou un coquillage un peu plus joli, alors que l'immense océan de la vérité s'étendait devant moi, et que tout restait à découvrir.»

ISAAC NEWTON

«La mathématique est une science dangereuse: elle dévoile les supercheries et les erreurs de calculs.»

RENÉ DESCARTES

«J'échangerais toute ma technologie pour passer un après-midi avec Socrate.»

STEVE JOBS

Exercice 94

Complete each phrase so that it expresses the meaning of the English phrase.

1. *the steamboat*   le bateau _____

2. *the empirical-analytical method*   _____ d'analyse empirique

3. *an odd number*   un nombre _____

4. *the Milky Way*   la Voie _____

5. *the guinea pigs*   les _____ d'Inde

6. *the conservation of matter*   la conservation de _____

7. *the treetop*   _____ de l'arbre

8. *periodic table*   le _____ périodique

9. *weeping willow*   le saule _____

10. *fossil remains*   les _____ fossiles

11. *empirical knowledge*   les _____ empiriques

12. *a rattlesnake*   _____ à sonnette

13. *the lion's den*   la gueule du _____

14. *the Stone Age*   l'âge de _____

15. *human beings*   les _____ humains

16. *The Earth revolves around the Sun.*   La Terre _____ autour du soleil.

17. *the law of gravity*   la _____ de la gravité

18. *environmental sciences*   les sciences _____

19. *sewing machine*   la machine _____

20. *an endangered species*   une espèce en voie de _____

Exercice 95

Match each item in the first column with the item in the second column that is related to it.

1. _____ pasteurisation
2. _____ vingt-trois
3. _____ paléontologie
4. _____ de l'hydrogène et de l'oxygène
5. _____ atomes
6. _____ la botanique
7. _____ Mercure
8. _____ l'hypoténuse
9. _____ les branches et l'écorce
10. _____ des poules

a. les fossiles
b. l'énergie nucléaire
c. un arbre
d. les plantes
e. une ferme
f. nombre impair
g. microbes
h. de l'eau
i. une planète
j. l'angle

Exercice 96

Choose the word that does not belong in each group.

1. a. zèbre   b. singe   c. guépard   d. champignon   e. girafe   f. ours
2. a. hibou   b. jacinthe   c. faucon   d. aigle   e. corbeau   f. flamant
3. a. preuve   b. division   c. angle   d. taux   e. pourcentage f. boussole
4. a. œillet   b. tulipe   c. merle   d. pâquerette   e. narcisse   f. lys
5. a. désert   b. raton laveur c. cap   d. colline   e. montagne   f. plateau
6. a. poulie   b. gravité   c. comète   d. lune   e. éclipse   f. étoile
7. a. fourmi   b. abeille   c. araignée   d. scarabée   e. lézard   f. papillon
8. a. peuplier b. chêne   c. orme   d. grillon   e. cèdre   f. bouleau
9. a. mouton   b. vache   c. baleine   d. chèvre   e. agneau   f. poule
10. a. tige   b. châtaignier   c. érable   d. figuier   e. cyprès   f. dattier

Exercice 97

Give the noun phrase (definite article + noun) found in this chapter that is derived from each of the following verbs.

1. analyser _____
2. classifier _____
3. contrôler _____
4. découvrir _____
5. prouver _____
6. formuler _____
7. quantifier _____
8. additionner _____

9. soustraire _____
10. multiplier _____
11. disparaître _____
12. observer _____
13. conclure _____
14. diviser _____
15. calculer _____

Exercice 98

Unscramble the letters in each item to create a word for flora or fauna found in this chapter.

1. avhlce _____
2. dpgaréu _____
3. elilote _____
4. uutemg _____
5. nagihmcnop _____

6. ronsleuot _____
7. lrupipee _____
8. uaeutra _____
9. rncdaa _____
10. cébaeasr _____

Exercice 99

Choose a field—biology, botany, chemistry, geography, paleontology, physics, or zoology—and describe in French what you do; where you work; what you research, analyze, quantify, or classify; what methods you use; and what experiments you carry out. State three questions you hope to answer through your research.

_____
_____
_____
_____
_____
_____

Exercice 100

This chapter listed many of the greatest inventions and discoveries, but this list is hardly exhaustive. What would you add to this list? In French, list ten or more inventions and/or discoveries you think important. Identify as many innovators as you can.

_____

_____

_____

_____

_____

_____

Exercice 101

Translate the following sentences into French.

1. *The researchers use the scientific method to test their hypothesis.*

   _____

   _____

2. *The biochemist does the experiment and observes and analyzes the results in order to arrive at a conclusion.*

   _____

   _____

3. *The children already know how to add and subtract and are now learning to multiply and divide.*

   _____

   _____

4. *The team of microbiologists and pathologists is researching microorganisms.*

   _____

   _____

5. *On the topographical map you see the terrain: oceans, mountain ranges, plateaus, and valleys.*

   _____

   _____

6. *The planets closest to the sun are Mercury, Venus, and Earth.*

_____

7. *The paleontologists find fossils and dinosaur tracks.*

_____

8. *The theory of evolution is based on the idea of natural selection.*

_____

_____

9. *The Indian elephant is an endangered species.*

_____

10. *There are many maple, oak, elm, and poplar trees all around us.*

_____

_____

11. *We are bringing tulips, irises, and carnations from our garden.*

_____

_____

12. *If we go on a safari* (faire un safari), *we can see lions, giraffes, chimpanzees, zebras, leopards, and rhinoceroses.*

_____

_____

13. *Do you* (vous) *have horses, sheep, and goats on the farm?*

_____

_____

14. *Thomas Alva Edison invented the electric lightbulb, the phonograph, and the alkaline* (alcaline) *battery.*

_____

_____

Appendix

Cardinal numbers

0	zéro		30	trente
1	un (une)		31	trente et un (une)
2	deux		32	trente-deux
3	trois		40	quarante
4	quatre		50	cinquante
5	cinq		60	soixante
6	six		70	soixante-dix
7	sept		80	quatre-vingts
8	huit		90	quatre-vingt-dix
9	neuf		100	cent
10	dix		101	cent un (une)
11	onze		110	cent dix
12	douze		167	cent soixante-sept
13	treize		200	deux cents
14	quatorze		300	trois cents
15	quinze		400	quatre cents
16	seize		500	cinq cents
17	dix-sept		600	six cents
18	dix-huit		700	sept cents
19	dix-neuf		800	huit cents
20	vingt		900	neuf cents
21	vingt et un (une)		1.000	mille
22	vingt-deux		2.000	deux mille
23	vingt-trois		6.572	six mille cinq cent soixante-douze
24	vingt-quatre		10.000	dix mille
25	vingt-cinq		100.000	cent mille
26	vingt-six		250.000	deux cent cinquante mille
27	vingt-sept		1.000.000	un million
28	vingt-huit		2.000.000	deux millions
29	vingt-neuf		1.000.000.000	un milliard

- **Un** and **une** are the only numbers that agree in gender with the noun that follows. This gender agreement takes place in both simple numbers and compounds: **une femme, vingt et une femmes.**
- The numbers from twenty to fifty-nine are counted by tens in French, as they are in English. **Un** and **une** are joined to the multiples of ten by the word **et.**
- The numbers from sixty to ninety-nine are counted by twenties in French, with the numbers one through nineteen added to the multiple of twenty: **soixante-deux, soixante-dix-neuf.**
- The **t** of **vingt** is clearly pronounced in the numbers twenty-one through twenty-nine. It is *not* pronounced in the numbers **quatre-vingt-un(e)** to **quatre-vingt-dix-neuf.**
- Multiples of 100 are written with an -s when no number follows: **trois cents, trois cent dix.**
- In French, neither **cent** nor **mille** is preceded by **un,** unlike in English: *one hundred, one thousand.*
- The French words for *million* and *billion* are **million** and **milliard,** respectively. These words are nouns and are connected by **de** to a following noun: **un million d'euros, un milliard de dollars.** However, if another number intervenes, the **de** is dropped: **soixante et un millions trois cent mille Français** or **61.300.000 Français** *61,300,000 French people.*
- French uses a period where English uses a comma in writing numerals, and vice versa: **2.500 livres** *2,500 books,* **$5,83** *$5.83.*

Ordinal Numbers

first	premier/première	*sixth*	sixième
second	deuxième	*seventh*	septième
third	troisième	*eighth*	huitième
fourth	quatrième	*ninth*	neuvième
fifth	cinquième	*tenth*	dixième

- Ordinal numbers are abbreviated as follows: **1er, 1ère, 2e, 3e,** etc.
- Ordinal numbers are used to express fractions, except for **la moitié** *half,* **le tiers** *third,* and **le quart** *fourth.*
- French uses cardinal numbers—not ordinals—for dates and after the names of kings, queens, and popes. The exception is that **premier, première** are used for *first.*

May 1	**le premier mai**
August 25	**le vingt-cinq août**
Henry the Fourth	**Henri IV** (= **Quatre**)
Charles the Second	**Charles II** (= **Deux**)
John the Twenty-Third	**Jean XXIII** (= **Vingt-trois**)

- The ordinals **premier, première** are used only when the meaning is *first.* When *first* is part of a longer ordinal, **unième** is used: **son premier anniversaire** *his first birthday,* **la vingt et unième leçon** *the twenty-first lesson,* **le cent unième jour** *the hundred and first day.*

Answer key

Exercice 1

1. un magasin de confection 2. une papeterie 3. une animalerie 4. un magasin de fruits (et de légumes)
5. un maroquinerie 6. une pharmacie 7. une parfumerie 8. un opticien 9. un tabac 10. une boucherie
11. un glacier 12. un fleuriste 13. une station-service 14. une librairie 15. une boulangerie
16. une pâtisserie 17. un magasin de vin 18. un magasin de sport

Exercice 2

1. f 2. i 3. b 4. g 5. j 6. c 7. e 8. a 9. d 10. h

Exercice 3

Answers will vary.

Exercice 4

Answers will vary.

Exercice 5

1. a 2. c 3. a 4. b 5. c 6. a 7. b 8. a

Exercice 6

1. c 2. d 3. b 4. a 5. a 6. d 7. b 8. c

Exercice 7

1. Où est le magasin d'informatique? 2. Le magasin d'informatique est près d'ici. 3. Est-ce qu'il y a un
magasin de sport près d'ici? 4. Je veux acheter un sac à dos. 5. Qu'est-ce qu'il y a dans le portefeuille?
6. Il y a de l'argent et un permis de conduire. 7. Il y a des dossiers dans la serviette. 8. Il y a des musées
dans le quartier.

Exercice 8

1. de bain 2. en diamants 3. de course 4. naturels 5. pantalon 6. en soie 7. faits sur mesure 8. zippée

Exercice 9

1. d 2. b 3. c 4. a 5. c 6. d 7. b 8. a 9. b 10. c

Exercice 10

1. costume 2. bijou 3. chapeau 4. manche 5. rouge 6. mouchoir 7. gants 8. capuche 9. parka
10. chemisier

Exercice 11

Answers will vary.

Exercice 12

1. semblable 2. différent 3. semblable 4. semblable 5. différent 6. semblable 7. semblable 8. semblable
9. différent 10. différent

Exercice 13

1. Je dois acheter un pardessus. 2. Elle porte une robe noire. 3. Il me faut des gants en laine. 4. Il porte toujours un costume croisé. 5. Avez-vous des boucles d'oreilles en or? 6. Elles cherchent des chaussures de ville. 7. Je voudrais acheter un collier de perles. 8. J'aime cette cravate blanche. 9. Ils sont bien habillés.
10. Je vais essayer ce pantalon marron. 11. Cette chemise bleue va avec la veste. 12. Nous préférons les vêtements haute couture.

Exercice 14

Fruits 1. cerise 2. citron 3. datte 4. mûre 5. pomme
Légumes 1. asperges 2. chou-fleur 3. courge 4. navet 5. poivron
Viandes 1. agneau 2. bœuf 3. gigot 4. jambon 5. saucisse
Poissons 1. bar 2. espadon 3. flétan 4. thon 5. truite
Épices 1. ail 2. cannelle 3. gingembre 4. poivre 5. thym

Exercice 15

1. a 2. c 3. d 4. b 5. d 6. c 7. a 8. d

Exercice 16

1. au chocolat 2. prendre 3. boulettes 4. huile 5. complet 6. débarrasser 7. une boisson 8. cacahuète
9. aux pommes 10. jaune

Exercice 17

1. chapelure 2. épinards 3. champignon 4. gingembre 5. aubergine 6. pamplemousse 7. pastèque
8. origan 9. ingrédient 10. maquereau

Exercice 18

Answers will vary.

Exercice 19

1. Les fines herbes sont importantes dans la cuisine. 2. J'ai une allergie au beurre de cacahuète. 3. Les enfants vont prendre le goûter à la maison. 4. Je vais débarrasser la table et laver la vaisselle. 5. Elle est bonne comme le pain. 6. Elle mange comme un oiseau. 7. J'aime le poisson, mais je n'aime pas les crustacés.
8. Tu veux goûter la soupe? Il est très chaud. 9. Ce plat n'est pas savoureux. Il est trop épicé. 10. La tarte au citron est délicieuse.

Exercice 20

1. j 2. c 3. i 4. h 5. a 6. f 7. e 8. d 9. g 10. b

Exercice 21

1. b 2. d 3. a 4. c 5. b 6. d 7. a 8. c 9. d 10. b

Exercice 22

1. d'amis   2. à coucher   3. des appareils   4. à bouteilles   5. un ensemble   6. à vin   7. une fuite   8. de fumée
9. de toilette   10. un dessus   11. une maison   12. un moulin

Exercice 23

Answers will vary.

Exercice 24

1. une théière   2. un essuie-mains   3. une serre   4. un marteau   5. un pinceau / un rouleau   6. une ventouse
7. des rideaux   8. un tournevis

Exercice 25

1. Il y a une fuite d'eau au grenier.   2. J'ai besoin d'une clé à molette et d'un tournevis.   3. Ta maison / Votre maison est accueillante et tranquille.   4. Il y a un flacon à pilules dans l'armoire à pharmacie.   5. Les conserves sont dans le placard.   6. La lumière s'est éteinte. Je crois que l'ampoule est grillée.   7. Cette maison est en pierres.   8. La salière est sur l'étagère à épices.   9. La chambre principale est à droite.   10. Il me reste à acheter une commode.

Exercice 26

1. de classement / d'archivage   2. en banque   3. indésirable   4. relevé   5. de la vie   6. en valeurs
7. concepteur   8. de publicité   9. du droit   10. à l'épreuve   11. portefeuille   12. d'épargne

Exercice 27

1. c   2. a   3. d   4. b   5. c   6. d   7. b   8. a   9. c   10. c

Exercice 28

Le bureau   1. agenda   2. télécopieur   3. agrafeuse   4. box   5. cahier
L'ordinateur   1. clavier   2. écran   3. fichier   4. logiciel   5. barre d'outils
Le commerce   1. détail   2. gros   3. prix   4. produit   5. coût
La banque   1. compte   2. billet   3. intérêts   4. verser   5. retirer
Les cadres   1. directeur   2. conseiller   3. gestionnaire   4. chef   5. PDG

Exercice 29

1. faire   2. composer   3. augmenter   4. retirer   5. faire glisser   6. surfer   7. lancer   8. installer

Exercice 30

1. e   2. j   3. i   4. g   5. a   6. d   7. h   8. b   9. f   10. c

Exercice 31

1. Vous devez sauvegarder tous vos fichiers.   2. L'entreprise / La compagnie va employer des échantillons pour faire la promotion de ce produit.   3. Les investisseurs doivent faire attention aux hauts et aux bas de la bourse.
4. Le gouvernement va augmenter les impôts.   5. Le commerce en ligne est important pour la croissance de l'entreprise.   6. Notre agence va lancer une campagne de publicité pour ce produit.   7. Il n'y a pas beaucoup d'argent dans notre compte d'épargne.   8. Le PDG et les conseillers viennent de sortir.   9. La compagnie reste en contact avec les consommateurs par les réseaux sociaux.   10. Le directeur financier va faire un projet de budget.

Exercice 32

1. sans escale 2. Quel temps 3. J'ai fait 4. côté couloir 5. une tempête 6. a décollé 7. à main 8. une boîte de nuit 9. balnéaire 10. épuisant 11. la natation 12. aller-retour 13. des achats / du shopping 14. jouer au tennis 15. tempéré et sec 16. enregistrer la valise 17. en juillet 18. vendredi 19. de jeunesse 20. à cheval

Exercice 33

Answers will vary.

Exercice 34

Answers will vary.

Exercice 35

Answers will vary.

Exercice 36

1. atterrit 2. partir 3. jouer aux 4. suivre 5. pratiquer 6. faire 7. il fait 8. attachez 9. prendre 10. annuler

Exercice 37

1. la neige 2. la pluie 3. la bruine 4. le voyage 5. l'arrivée 6. le départ 7. la promenade 8. la visite 9. le jeu 10. l'atterrissage 11. le décollage 12. l'achat

Exercice 38

1. auberge 2. croisière 3. randonnée 4. haltérophilie 5. bricolage 6. dessiner 7. descendre 8. température 9. printemps 10. impressionnant

Exercice 39

1. Vous devez faire les valises. 2. Voici ma carte d'embarquement et mon passeport. 3. L'avion a atterri, mais il est en retard. 4. Nous avons fait un voyage merveilleux, mais très long. 5. Quand je suis à Paris, j'aime faire la visite de la ville. 6. Il fait mauvais aujourd'hui. Il y a du vent et il grêle. 7. Nous allons faire la queue au guichet et prendre un billet aller-retour. 8. Ils veulent jouer aux échecs. 9. Je veux passer mes vacances à la montagne ou à la campagne. 10. Pendant mon temps libre, j'aime faire du camping et de la pêche.

Exercice 40

1. suivre 2. s'inscrire 3. maternel 4. se tordre 5. se mettre 6. à cheveux 7. en colère 8. leurs dissertations 9. bourse 10. sciences humaines 11. titre 12. droit 13. se marier 14. les ongles 15. réussir

Exercice 41

1. c 2. g 3. e 4. h 5. b 6. a 7. d 8. f

Exercice 42

1. d 2. f 3. h 4. c 5. g 6. b 7. a 8. e

Exercice 43

1. se couper 2. se laver 3. se préoccuper 4. s'enrhumer 5. avoir de bonnes notes 6. se dépêcher 7. mettre 8. lire 9. se réveiller 10. se pousser

Exercice 44

Answers will vary.

Exercice 45

1. Je m'intéresse à la biologie et à la chimie.   2. Je vais me brosser les dents et passer le fil dentaire.
3. Les étudiants doivent remettre leurs dissertations demain.   4. Il ne faut pas s'énerver. Il faut se détendre.
5. Les instituteurs vont se fâcher si les élèves font l'école buissonnière.   6. Elle ne doit pas s'épuiser. Elle peut
s'évanouir.   7. Ils vont se disputer et se plaindre de tout.   8. Ce professeur est très apprécié et très respecté.
9. Beaucoup d'étudiants sont absents aujourd'hui.   10. Il faut faire attention pour ne pas se faire mal.

Exercice 46

1. de sagesse 2. secours 3. enrhumé 4. une piqûre 5. de dos 6. au poignet 7. équilibré 8. pour la toux
9. un but 10. dans un plâtre 11. du nez 12. est en bonne santé 13. La voix du sang 14. J'ai mal
15. Je me sens

Exercice 47

1. avoir 2. fouler 3. faire 4. ausculter 5. saigner 6. tâter 7. prendre 8. manquer 9. regarder 10. souffrir
11. plomber 12. rincer 13. marcher 14. subir

Exercice 48

1. gercées 2. que guérir 3. un os 4. au ventre 5. de mort naturelle 6. pour la douleur 7. dans un plâtre
8. les yeux de la tête 9. les dents 10. son poids 11. à la cheville 12. dans la vie

Exercice 49

Answers will vary.

Exercice 50

1. chirurgien 2. ausculter 3. température 4. ordonnance 5. praticien 6. généraliste 7. réanimation
8. accidenté 9. saignement 10. nettoyage

Exercice 51

1. J'ai rendez-vous avec le médecin de famille / le médecin traitant. 2. Je prends des aspirines pour la douleur.
3. Le patient / La patiente souffre d'une maladie infectieuse et est moribond(e). 4. Le médecin m'a donné un
médicament pour mon rhume. 5. Il a des rougeurs sur son visage. 6. Je ne me sens pas bien. Je manque
d'énergie et je perds du poids. 7. L'infirmier praticien / L'infirmière praticienne doit vous tâter le pouls.
8. Il s'est cassé le coude et il a le bras dans un plâtre. 9. Le dentiste doit arracher une dent de sagesse.
10. Les blessés/accidentés sont très graves et sont en réanimation.

Exercice 52

1. ma cousine 2. mon arrière-grand-père 3. mon beau-fils 4. ma bru/belle-fille 5. mon oncle
6. mon beau-frère 7. ma belle-mère 8. ma tante 9. aîné 10. cadette

Exercice 53

1. antonyms 2. antonyms 3. antonyms 4. synonyms 5. antonyms 6. antonyms 7. antonyms 8. synonyms
9. antonyms 10. synonyms

Exercice 54

1. ma tante 2. ma cousine 3. mon mari 4. ma fille adoptive 5. le veuf 6. mon arrière-grand-mère
7. un vieux garçon 8. mon parrain 9. ma bru/belle-fille 10. ma demi-soeur

Exercice 55

1. respectueux 2. compliqué 3. jumeaux 4. maladroit 5. attrayant 6. raisonnable 7. adoptive 8. orphelin
9. courageux 10. célibataire

Exercice 56

Answers will vary.

Exercice 57

Answers will vary.

Exercice 58

1. Les frères se ressemblent comme deux gouttes d'eau. 2. Son fiancé est travailleur et intelligent. 3. Nous
allons inviter toute la parenté au mariage. 4. Elle m'a présenté à ses filleuls. 5. Je voudrais faire la
connaissance de tes parents. 6. Il est né coiffé. 7. Ses cousins sont méchants et insupportables. 8. Elle se croit
sortie de la cuisse de Jupiter. 9. C'est une famille très hospitalière. 10. C'est un bel homme, mais il est très
vaniteux.

Exercice 59

1. d'oeuvre 2. pile 3. chef 4. des rues 5. salve 6. un bis 7. mondiale 8. à grand succès 9. le milieu
10. à grand spectacle 11. jouer du 12. pendant 13. matin 14. générale 15. à l'huile 16. des croquis
17. la galerie 18. morte 19. une leçon 20. disponibles

Exercice 60

1. diriger 2. partir 3. doubler 4. jouer 5. remporter 6. monter 7. ouvrir 8. passer 9. voir 10. applaudir

Exercice 61

1. billetterie 2. paysagiste 3. instrument 4. peinture 5. disponible 6. folklorique 7. partition
8. personnage 9. dramaturge 10. protagoniste 11. doublure 12. distribution

Exercice 62

1. l'orchestre 2. la galerie 3. la céramique 4. le prodige 5. le balcon 6. la tragédie 7. la mélodie
8. le/la protagoniste 9. le concert 10. la guitare 11. le théâtre 12. le dialogue 13. la palette
14. le photographe

Exercice 63

Answers will vary.

Exercice 64

1. la sculpture 2. la danse 3. le modèle 4. la doublure 5. la distribution 6. l'interprète 7. la fin 8. le film
9. le producteur / la productrice 10. le chanteur / la chanteuse 11. la peinture 12. le dessin

Exercice 65

1. Je sais jouer de la clarinette. 2. Je vais prendre une leçon de clarinette. 3. C'est un peintre paysagiste.
4. Nous allons prendre des billets pour le concert. 5. À quelle heure est l'opéra? 6. Ce marchand d'art a beaucoup de peintures abstraites. 7. Ce musicien joue d'oreille. 8. Le violon est un instrument à cordes.
9. Les acteurs ont reçu une salve d'applaudissements. 10. Je vais voir une pièce de théâtre vers le milieu du mois. 11. Je crois/pense que ce film français va remporter/gagner/recevoir l'Oscar. 12. Ma sœur aime chanter et danser.

Exercice 66

1. immobilier 2. d'affaires 3. assurance 4. retraite 5. concepteur 6. à plein temps 7. assistant 8. cabinet
9. change 10. prime 11. postule 12. former 13. conseiller 14. régime 15. grève

Exercice 67

1. charpentier 2. hebdomadaire 3. bijoutier 4. déménager 5. entretien 6. augmentation 7. conservatoire
8. villégiature 9. chirurgienne 10. ministère 11. entrepreneur 12. présentatrice

Exercice 68

1. l 2. j 3. f 4. g 5. b 6. i 7. h 8. c 9. e 10. a 11. k 12. d

Exercice 69

Answers will vary.

Exercice 70

1. gagne 2. est 3. fait 4. touche 5. signe 6. forme 7. embauche 8. travaille 9. cherche 10. postule
11. s'ennuie 12. reçoit

Exercice 71

1. Elle postule pour ce poste et se prépare pour l'entretien/l'interview. 2. Il fait du japonais parce qu'il va au Japon. 3. Je cherche un poste dans une galerie d'art. 4. Il reçoit un bon salaire et aussi l'assurance maladie.
5. Elle est du Sénégal et elle parle le wolof et le français. 6. Il va être au chômage / sans emploi parce que son entreprise renvoie beaucoup d'employés. 7. Elle travaille dans un aéroport, mais elle s'ennuie au travail.
8. Si l'entreprise ne signe pas la convention collective, les ouvriers vont faire grève. 9. Le directeur veut embaucher un comptable et deux secrétaires. 10. Les ouvriers demandent des vacances payées et l'assurance invalidité.

Exercice 72

1. du drapeau 2. des Anciens Combattants 3. le jour de l'Action 4. la pendaison 5. d'affaires
6. du Souvenir 7. de la mariée 8. première 9. bague 10. la messe 11. souffler 12. de bienfaisance
13. la collecte 14. la veille 15. enterrement 16. le voyage 17. Cendres 18. d'artifice 19. avant-match
20. clôture

Exercice 73

1. f 2. c 3. h 4. a 5. j 6. b 7. d 8. i 9. e 10. g

Exercice 74

1. proposer 2. organiser 3. faire 4. boire 5. lancer 6. tombe 7. adresser 8. se marier 9. souffler
10. s'incruster

Exercice 75

1. le jour de l'an, le jour de Martin Luther King 2. le jour des présidents, la fête des amoureux 3. la fête de Saint Patrick 4. la fête des Mères, le jour du Souvenir 5. la fête des Pères, le jour du drapeau 6. le jour de l'Indépendance 7. la fête du travail 8. la fête d'Halloween 9. le jour de l'Action de grâce, le jour des Anciens Combattants 10. Noël, la Saint-Sylvestre

Exercice 76

1. mars 2. juin 3. mai 4. octobre 5. mai 6. janvier 7. juin 8. juillet

Exercice 77

1. d 2. h 3. f 4. b 5. j 6. k 7. m 8. g 9. l 10. a 11. n 12. i 13. c 14. e

Exercice 78

Answers will vary.

Exercice 79

1. Paulette a vingt-trois ans. 2. Son anniversaire tombe dimanche. 3. À la fête elle souffle les bougies sur le gâteau. 4. Les invités ont des cadeaux pour elle. 5. Ils veulent qu'on vienne à l'événement de bienfaisance. 6. C'est tenue de soirée exigée. 7. Nous allons passer les vacances de Pâques avec nos amis français à Paris. 8. Je veux passer les vacances de Noël au Canada. 9. Nous allons inviter nos amis au réveillon. 10. Pour la célébration du jour de l'Indépendance, il y avait des défilés avec des chars et des feux d'artifices.

Exercice 80

1. dictature 2. providence 3. circulation 4. montée 5. projet 6. connaissance 7. niche 8. expression 9. Travail 10. atmosphérique 11. bulletin 12. changement 13. Armée 14. conseiller 15. hôtel 16. pensée 17. judiciaire 18. bombardier 19. à main armée 20. nuisances

Exercice 81

1. soumettre 2. se présenter 3. s'inquiéter 4. prendre 5. amender 6. servir 7. dépouiller 8. faire 9. s'intégrer 10. être

Exercice 82

1. c 2. e 3. f 4. a 5. g 6. d 7. h 8. b

Exercice 83

1. e 2. g 3. h 4. b 5. f 6. a 7. d 8. c

Exercice 84

Answers will vary.

Exercice 85

1. Au congrès il y a un sénat et une chambre de représentants. 2. Il y a débats et les représentants proposent des projets de loi. 3. Le président est élu pour quatre ans et son mandat est renouvelable. 4. Un bon chef d'État sait que la justice est importante. 5. J'ai fait mon service militaire. J'ai servi dans l'Armée. 6. La constitution garantit la liberté d'opinion et la liberté de la presse. 7. Je crois qu'il va voter pour le parti des Verts. 8. Il s'inquiète de la pollution de l'environnement. 9. Si vous êtes en âge de voter, vous pouvez aller aux urnes. 10. Chaque électeur dépose un scrutin.

Exercice 86

1. un conte 2. un ouvrage 3. arbitre 4. un atelier 5. le sens 6. les subtilités 7. l'alphabet 8. le récit 9. de prières 10. la Terre 11. suivre 12. les religions 13. dessinées 14. style 15. le mal 16. moteur 17. un cercle 18. d'écriture 19. un roman 20. un manuel

Exercice 87

1. d 2. j 3. e 4. h 5. b 6. i 7. a 8. c 9. f 10. g

Exercice 88

1. c 2. e 3. b 4. c 5. a 6. e 7. b 8. d

Exercice 89

1. exprime 2. saisit 3. bénisse 4. réfléchissent 5. adorent 6. confesse 7. pratique 8. enseigne 9. reçoit 10. participent

Exercice 90

1. la compréhension 2. le pardon 3. la signification 4. la prière 5. la raison 6. la confession 7. la fin 8. le baptême 9. la croyance 10. l'existence 11. le péché 12. la description 13. la critique 14. la vie 15. la perception

Exercice 91

1. littérature 2. pratiquant 3. chapelet 4. anthologie 5. énigmatique 6. connaissable 7. religieuse 8. monachisme 9. commettre 10. cathédrale

Exercice 92

Answers will vary.

Exercice 93

1. Le prêtre/curé, l'évêque et l'archevêque sont dans la cathédrale. 2. Les membres du cercle de lecture aiment lire les romans historiques et les contes. 3. Nous avons participé à un atelier de poésie et (nous avons) assisté à des conférences données par des poètes célèbres. 4. Le langage de cet auteur est ambigu et incompréhensible. 5. Il a un point de vue pragmatique et cynique. 6. Beaucoup d'êtres humains réfléchissent sur le mystère de la vie et essaient de comprendre le sens de la vie. 7. J'espère qu'ils peuvent saisir les subtilités du discours. 8. Le luthéranisme et le méthodisme sont des dénominations du protestantisme. 9. *La Divine Comédie* a été écrite en italien. 10. Le pasteur a baptisé l'enfant dans l'église du village.

Exercice 94

1. à vapeur 2. la méthode 3. impair 4. Lactée 5. cochons 6. la matière 7. la cime 8. tableau 9. pleureur 10. restes 11. connaissances 12. un serpent 13. loup 14. pierre 15. êtres 16. tourne 17. loi 18. de l'environnement 19. à coudre 20. disparition

Exercice 95

1. g 2. f 3. a 4. h 5. b 6. d 7. i 8. j 9. c 10. e

Exercice 96

1. d 2. b 3. f 4. c 5. b 6. a 7. e 8. d 9. c 10. a

Exercice 97

1. l'analyse 2. la classification 3. le contrôle 4. la découverte 5. la preuve 6. la formule
7. la quantification 8. l'addition 9. la soustraction 10. la multiplication 11. la disparition
12. l'observation 13. la conclusion 14. la division 15. le calcul

Exercice 98

1. cheval 2. guépard 3. œillet 4. muguet 5. champignon 6. tournesol 7. peuplier 8. taureau 9. canard
10. scarabée

Exercice 99

Answers will vary.

Exercice 100

Answers will vary.

Exercice 101

1. Les chercheurs emploient/utilisent la méthode scientifique pour tester leur hypothèse. 2. Le biochimiste fait
l'expérience et il observe et analyse les résultats pour arriver à une conclusion. 3. Les enfants savent déjà
additionner et soustraire et ils apprennent maintenant à multiplier et à diviser. 4. L'équipe de microbiologistes
et de pathologistes fait des recherches sur les micro-organismes. 5. Sur la carte topographique vous voyez /
on voit le terrain: des océans, des chaînes de montagnes, des plateaux et des vallées. 6. Les planètes les plus
proches du soleil sont Mercure, Vénus et la Terre. 7. Les paléontologues trouvent des fossiles et des empreintes
de dinosaures. 8. La théorie de l'évolution est basée sur l'idée de sélection naturelle. 9. L'éléphant indien est
une espèce en voie de disparition. 10. Il y a beaucoup d'érables, de chênes, d'ormes et de peupliers tout autour
de nous. 11. Nous apportons des tulipes, des iris et des œillets de notre jardin. 12. Si nous faisons un safari,
nous pouvons voir des lions, des girafes, des chimpanzés, des zèbres, des léopards et des rhinocéros.
13. Est-ce que vous avez des chevaux, des moutons et des chèvres à la ferme? 14. Thomas Alva Edison
a inventé l'ampoule électrique, le phonographe et la pile alcaline.

About the authors

David M. Stillman, PhD, is a well-known writer of foreign language textbooks, reference books, and multimedia courses. He is president of Mediatheque Publishers Services, a leader in the development of foreign language instructional materials. He holds a PhD in Spanish linguistics from the University of Illinois, and has taught and coordinated foreign language programs at Boston University, Harvard University, and Cornell University. He is on the faculty of The College of New Jersey, where he teaches French, Spanish, Italian, and linguistics, and coordinates an innovative program of student-led conversation practice. He is a frequent presenter at national and regional conventions of language educators, has consulted on states' K–12 academic standards for world languages, and has been appointed to national committees devoted to the improvement of teacher training.

Ronni L. Gordon, PhD, is a prominent author of foreign language textbooks, reference books, and multimedia courses. She is vice president of Mediatheque Publishers Services, a leader in the development of foreign language instructional materials. She holds a PhD in Spanish language and Spanish and Spanish American literature from Rutgers University, and has taught and coordinated Spanish language programs and taught Latin American literature at Harvard University, Boston University, and Drexel University. A foreign language consultant, she has read for the National Endowment for the Humanities, presented at the United States Department of Education, consulted on states' K–12 academic standards for world languages, and presented at conferences on Spanish American literature and foreign language instruction. She is an associate scholar of a Philadelphia-based think tank and is chairman of the board of directors of Dolce Suono Ensemble.

David M. Stillman and Ronni L. Gordon are the authors of the acclaimed *The Ultimate Spanish Review and Practice* and *The Ultimate French Review and Practice*.

Put Your French Language into Practice!

At busuu, you can practice your French skills through graded courses and a broad range of engaging activities. And as you study, busuu encourages direct interaction with native speakers through video and audio chat.

With busuu, you can:

- Practice with exercises that hone all four skills (reading, writing, speaking, listening).
- Enjoy flexible language learning—anytime, anywhere—to fit into your busy schedule.
- Receive personalized feedback on your exercises, talk with native speakers via an integrated chat, and get to know people from all over the world.

With over 55 million registered users, busuu is the largest social network for language learning in the world!

Special Offer: 30% off Premium membership

McGraw-Hill Education has partnered with busuu to provide an exclusive discount on busuu's award-winning Premium service.

Discount: 30% off any plan
Access code: BUSUUFRE30
Code expiry date: December 31, 2018

Or Try A New Language!

busuu offers courses in eleven other languages, specially designed by educational experts. With programs ranging from Beginning to Upper Intermediate, you'll quickly find the level that works for you!

Sign up or log in on **www.busuu.com** and enter your discount code on the payment page to get your exclusive discount!